ミネルヴァ日本評伝選

横井小楠

道は用に就くも是ならず

沖田行司著

ミネルヴァ書房

刊行の趣意

「学問は歴史に極まり候ことに候」とは、先哲荻生徂徠のことばである。

歴史のなかにこそ人間の智恵は宿されている。人間の愚かさもそこにはあらわだ。この歴史を探り、歴史に学んでこそ、人間はようやくみずからの正体を知り、いくらかは賢くなることができる。新しい勇気を得て未来に向かうことができる。徂徠はそう言いたかったのだろう。

「ミネルヴァ日本評伝選」は、私たちの直接の先人について、この人間知を学びなおそうという試みである。日本列島の過去に生きた人々の言行を、深く、くわしく探って、そこに現代への批判を聴きとろうとする試みである。日本人ばかりではない。列島の歴史にかかわった多くの異国の人々の声にも耳を傾けよう。

先人たちの書き残した文章をそのひだにまで立ち入って読み、彼らの旅した跡をたどりなおし、彼らのなしとげた事業を広い文脈のなかで注意深く観察しなおす――そのとき、はじめて先人たちはいまの私たちのかたわらによみがえってくる。彼らのなまの声で歴史の智恵を、また人間であることのよろこびと苦しみを、私たちに伝えてくれもするだろう。

この「評伝選」のつらなりのなかから、列島の歴史はおのずからその複雑さと奥ゆきの深さをもって浮かび上がってくるはずだ。これを読むとき、私たちのなかに新たな自信と勇気が湧いてきて、その矜持と勇気をもって「グローバリゼーション」の世紀に立ち向かってゆくことができる――そのような「ミネルヴァ日本評伝選」にしたいと、私たちは願っている。

平成十五年（二〇〇三）九月

上横手雅敬
芳賀　徹

横井小楠（安政五年［1858］撮影）

横井小楠と由利公正の銅像「旅立ちの像」（福井県福井市大手）

横井小楠墓所（京都市左京区）

はしがき

浦賀に四隻の黒船が出現した。嘉永癸丑年（一八五三）のことである。それは激動の時代の幕開けでもあり、青年が歴史を動かそうとした稀な時代の始まりでもあった。

幕末の志士と呼ばれる世代に大きな影響力を持った吉田松陰は二四歳、坂本龍馬は一九歳で、この二人が師と仰いだ横井小楠は四五歳であった。この時小楠は既に青年期をはるかに超えた老成の境地に到達していた。青年期を過ごした肥後熊本藩では、冷遇を受けたが、その見識は口伝えで全国に行き渡っていた。越前福井藩の松平《まつだいら》春嶽《しゅんがく》の招聘を受けて藩政改革に取り組んだ。その実績を評価され、春嶽が幕府の政治総裁に着任すると、春嶽を補佐して幕政改革の構想を打ち出すなど、幕末の政局にも大きな影響を及ぼした。その改革構想のあるものは実現されたが、その基本精神は歴史を超越していたが故に、実現されることはなかった。

肥後熊本藩士横井《よこい》時直《ときなお》の次男に生まれた小楠は藩校時習館で頭角をあらわした、当時の熊本藩の社会矛盾と向き合わない時習館の学問に疑問をいだいて、実学を唱えて学校改革を主張した。江戸留学という形で熊本藩から遠ざけられた小楠は、帰国後、かつて実学党と呼ばれた武士集団とは距離を保ち、惣庄屋《そうじょうや》という新興の豪農層の中に身を置いて、実学思想の再構築を行った。藩の専売制度を批判し、民間の自由な経済活動を促進する富国論を提唱した。こうした立場は最後まで熊本藩には受け容れられなかった。

小楠は儒学の原点である「三代の道」に立ち返って、西洋文明の長所を受け容れ、その西洋文明の精神的な支柱としてのキリスト教に着目した。西洋文明やキリスト教と対峙する方法として、小楠は日本の特殊性ではなく、「天地公共の実理」という国家を超越した普遍性を思想の中心に据えた。この普遍性の立場から鎖国を日本一国の「私」と批判し、開国を世界から戦争をなくす「大義」の実現と位置付けた。また、「血統」によって政治を行うことは「公」ではなく「私」であると、血統論を批判した。小楠の近代国家構想は、富国強兵にとどまらず、日本が世界に向かって「道義国家」としての役割を果たす「大義」を中核とするものであった。

明治維新と同時に小楠は京都の朝廷に招聘され、若き明治天皇に「良心」に基づく政治を進言している。しかし、現実の日本の歴史は小楠の近代国家構想とは大きくかけ離れていったことは、歴史が証明する所である。

明治二年（一八六九）一月五日、御所からの帰途、小楠は刺客に暗殺されて六一歳の生涯を閉じた。血統論を否定したことやキリスト教を評価したことなどが暗殺の理由とされた。暗殺者に対しては、助命の嘆願が出たが、明治政府は厳しい処分を下した。一九四五年の終戦を迎えるまで、小楠に対する関心はそう高くはなかった。戦後になって、多くの研究者が小楠を取り上げるようになった。それは、小楠の思想に、混迷する時代を切り開く大きなヒントが隠されているからかもしれない。平和とは何か、公共とは何か、良心的に生きるとは何か。これらは取りも直さず現代に生きる日本人が直面している課題でもある。横井小楠との対話を通して、現代を生きる一助としたいと考える。

なお、本文中では、山崎正董『横井小楠　遺稿篇』は『遺稿篇』と略記、山崎正董『横井小楠　伝記篇』は『伝記篇』と略記した。また引用史料はなるべく書き下し文に改めた。

横井小楠——道は用に就くも是ならず　目次

はしがき

第五章　諸国遊歴……49

第八章　世界平和と国際主義

図版写真一覧

横井家系図

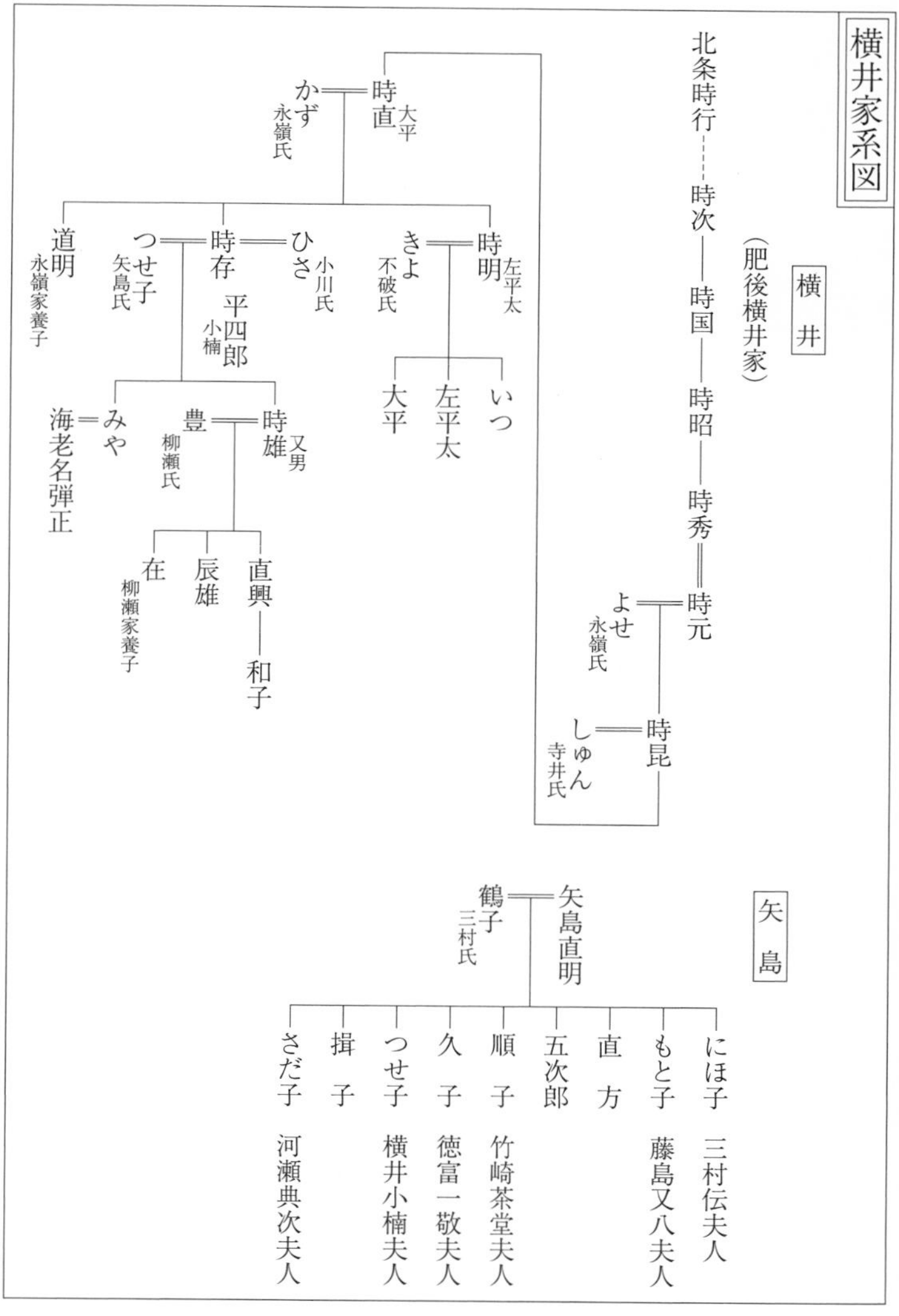
横井
（肥後横井家）
北条時行
時次
時国
時昭
時秀
時元
よせ
永嶺氏
時昆
しゅん
寺井氏
時直
大平
かず
永嶺氏
時明
左平太
きよ
不破氏
いつ
左平太
大平
ひさ
小川氏
時存
平四郎
小楠
つせ子
矢島氏
道明
永嶺家養子
時雄
又男
豊
柳瀬氏
みや
海老名弾正
直興
和子
辰雄
在
柳瀬家養子
矢島
矢島直明
鶴子
三村氏
にほ子
三村伝夫人
もと子
藤島又八夫人
直方
五次郎
順子
竹崎茶堂夫人
久子
徳富一敬夫人
つせ子
横井小楠夫人
揖子
さだ子
河瀬典次夫人

第一章　横井小楠の青春

1　横井小楠の出自

武士の次男

横井小楠は文化六年（一八〇九）八月に禄高《ろくだか》一五〇石の熊本藩士横井大平（時直）と員《かず》の次男として熊本城の北東に位置した内坪井町《うちつぼいちょう》に誕生した。父大平は穿鑿所目付《せんさくじょめつけ》という役職にあって、小楠が生まれた時は数え歳で二七歳であった。小楠には二歳年上の兄左平太（時明）がいて、二五歳の時に父の逝去にともなって家督を継いでいる。

小楠は、名を時存《ときあり》といい、字は子操《しそう》、通称を平四郎と称した。父や兄と同様に名に「時」の字を用いているのは、横井家の祖先が鎌倉幕府の得宗北条高時の次男の時行に遡ることに拠っている。小楠はその号である。元田永孚《ながざね》によれば、大楠公と称された楠木正成《くすのきまさしげ》の嫡男で小楠公と呼ばれた楠木正行《くすのきまさつら》を慕っていたところから、小楠と号したと記している（『小楠先生遺文後序』）が、弘化年間に開設した私塾が楠町に面したところから、その塾名を小楠堂と名付けてそれを号にしたという説もある。他にも、晩年に住まいにした地から沼山《しょうざん》や畏斎《いさい》などの号を用いているが、史料等にはほぼ通称の横井平四郎が用いられている。本書では、一般に流布している号の小楠を用いることにする。

横井家の禄高は一五〇石で、後に足高を加えて二〇〇石になったが、熊本藩では実収入は「四ツ物

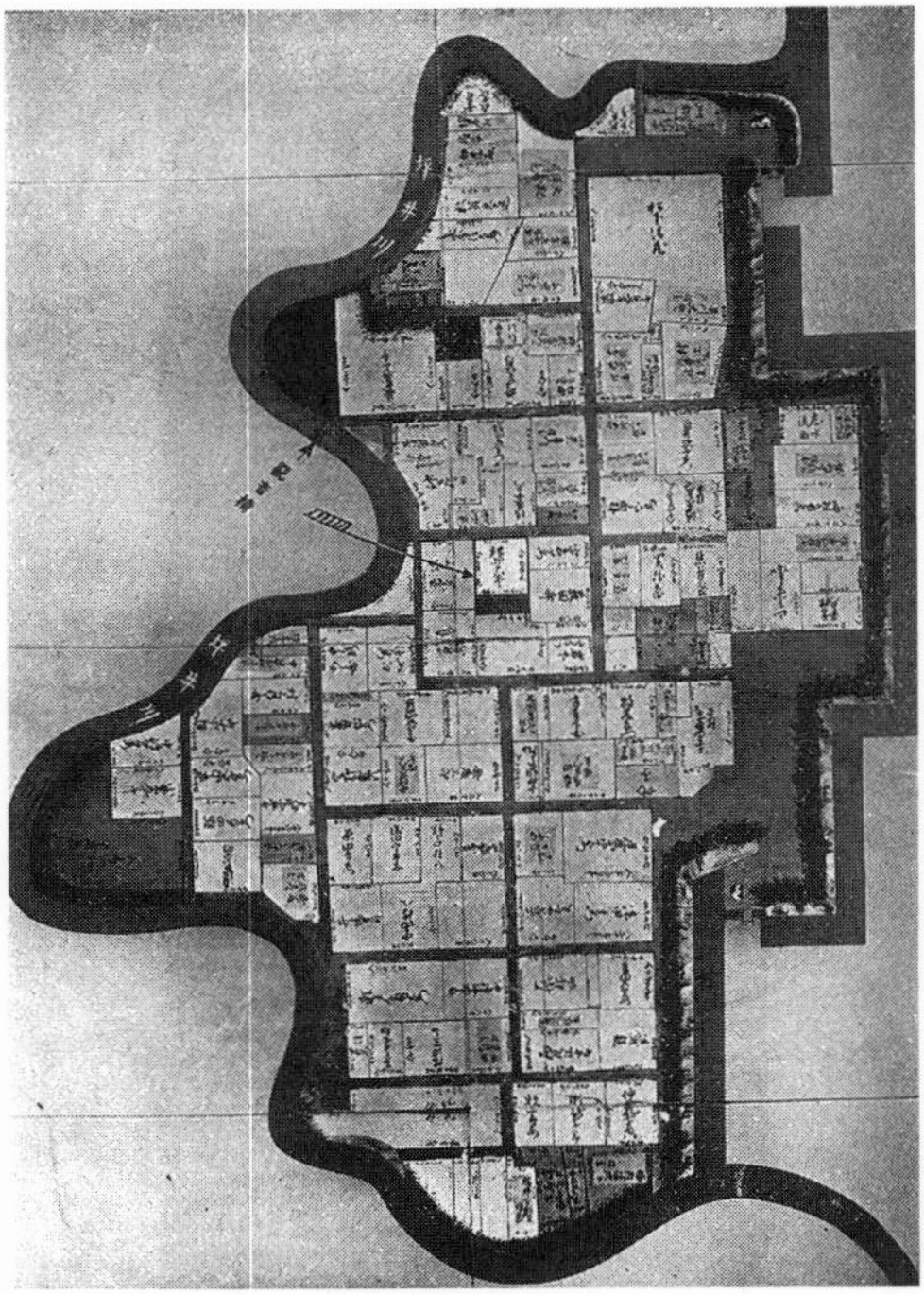

小楠生誕地点
（文化11年［1814］ころ，内坪井之地図）

成」と称して、手取りはその四割であった。しかも、藩経済の窮乏によっては、二〇石以下になることもあった。小楠が誕生した頃の二〇〇石の禄高の実収入は二十三石四斗で一家五人の生活はかなり厳しいものであったと思われる。特に次男であった小楠は長男相続が原則の武家社会では他家に養子にでるか、それとも兄の世話になって生涯を終えるかという環境に置かれていた。

「連」での教育

天保二年（一八三一）に父の時直が逝去し、兄左平太が家督を継いだ。安政元年（一八五四）に兄が病死し四六歳で小楠が家督を相続するまで、小楠は決して恵まれた人生を歩んできたわけではなかった。特に熊本藩の財政は一八世紀の初頭、三代藩主の綱利の時代には悪化し、幾度かの財政改革にもかかわらず、慢性的な赤字が続き、天保年間には支出合計が全収入を超過する状態に陥っていた。このような財政赤字に対して藩当局が採用した対策はどの藩においても共通している。農民に課している租税の率を高め、厳しい取り立てを実施する一方で藩士の手当てを引き下げる方策である。また、熊本藩では農民が生産していた櫨《はぜ》の栽培を藩当局の専売制として、自由な生産活動を制約するなど、様々な矛盾が蓄積していた。豊かでない武士の次男である小楠に開かれていた道は、学問で身を立てることであった。

熊本藩では、「連」という自主的な少年の集団があり、子どもが生活する地名をとって、たとえば小楠の場合は「坪井連」という組織に属していた。薩摩藩の「郷中《ごうちゅう》」や会津藩の「什《じゅう》」のように、極めて教育的な意味合いの強い自治組織である。ここで、武士としての自覚の基礎がつくられる。もっとも、そうした郷党が反目しあって対立を激化させ、時には殺人事件まで引き起こすこともあった。

元田永孚のように、家族から止められ、どの「連」にも属さない藩士の子弟もいたが、後に小楠の実学研究を支えたのは「坪井連」の仲間でもあった。

2 藩校時習館の生活

藩校入学

五代将軍綱吉の文治政策の影響もうけて、諸藩では時代を降るにつれて、藩立学校（藩校）を創設し、藩士教育を行うようになった。また、藩校教育の目的も、藩士の綱紀粛正から積極的な人材登用へと移っていった。学問を奨励し教育を通して人材を養成する事は、能力主義の採用を意味している。能力主義は本質的には封建身分制社会と矛盾する。人材登用が教育と結びついた時、小楠のように下級武士の子弟や次男・三男にとって、教育は惨めな境遇から解放してくれる手段ともなった。小楠は文化一三年（一八一六）、八歳頃に藩校時習館に入学している。

時習館は六代藩藩主重賢《しげかた》（一七二〇〜一七八五）が宝暦四年（一七五五）に藩政改革の一環として熊本城内に創設した。正確には、藩校は構文所としての時習館と、講武所としての東西両榭《しゃ》から成っている。基本的には午前中は時習館で中国古典から成る学問を学び、午後から東西両榭で武術を修練した。句読斎で読み方を、習書斎で書き方学んだ後、一五歳から一六歳頃になると蒙養《もうよう》斎に進み、儒学の基本的な知識を学んだ。ここで一定の試験を受けて合格すれば講堂生となり、この中で成績優秀な秀才と家老職などの門閥の子弟など二五人ほどを居寮《きょりょう》生として、藩費で運営された菁莪《せいが》斎に寄宿した。

小楠は文政六年（一八二三）一五歳の時に句読・習書に優れているという理由で金子二百疋を与えられ、藩主のお目見えを許されている。文政一二年（一八二九）にも学問・武芸に優秀な成績をおさめたことにより、藩主から褒賞を受けている。このように少年期からその才能を認められ、天保四年（一八三三）に藩の秀才が学ぶ居寮生となり、菁莪斎で学ぶことになった。三年後には講堂世話役から居寮世話役に抜擢され、藩主から紋付裃一式を下賜されている。さらに天保八年（一八三七）には年に米一〇俵を支給される居寮長に抜擢された。

藩を揺るがす大事件

小楠が居寮生になってしばらくした頃、藩を揺るがす大事件が勃発した。天保六年（一八三五）、時習館の訓導阿部仙吾《あべせんご》の自宅が焼き討ちにあって全焼したのである。この事件の捜査で士分格を含む藩士の子弟一九人と近郊の百姓六七人が一揆連判状を作り、鉄砲や武器を用意した計画的な犯行が明らかとなった。藩士の子弟の中には一九〇〇石の嫡子岩間小左衛門、一三七〇石の嫡子横山清十郎、一〇〇〇石の嫡子住江庄太郎など、小楠家よりもはるかに高禄《こうろく》の子弟が含まれていた。結局主犯格である二五〇石の子弟の伊藤石之助、一五〇石の子弟の大塚仙之助、一三七〇石の子弟の横山清十郎、二〇〇石の子弟の堀内彦左衛門の四人が斬首となり、一族も厳しい処罰を受けている。これに対して百姓は笞刑が二人、「縄なひ」三日から七日が二四人、注意処分一四人でその他はお構いなしであった。この事件は教師に対する個人的な怨恨が原因とされたが、凶作にもかかわらず厳しい年貢の取り立てなど、藩政に対する不満とする見方が通説となっている。

しかし、なぜ藩政の中枢でもない訓導宅の放火なのか、また堤克彦が言うように（堤克彦『横井小楠の実学思想――基盤・形成・転回の軌跡』）、なぜ百姓に対する処罰が比較的軽微なものになったのかについては必ずしも明らかではないが、藩当局は、百姓一揆が藩士の不満と連動したところに、藩の権力体制を揺るがす脅威と見てとったのであろう。藩士への厳しい処分は、綱紀粛正の意味合いが強かったと思われる。

3　時習館改革と小楠

居寮生は選抜制に

時習館訓導宅焼き討ち事件は時習館だけではなく、熊本藩にとっても大きな衝撃を与えた。このような藩士子弟の暴発を防ぐために、藩当局は時習館の改革に着手した。この中心となった人物が一五〇〇〇石の世襲次席家老長岡監物《ながおかけんもつ》、すなわち米田是容《こめたこれかた》である。長岡姓は三万石の上席家老松井家と共に用いられていて、監物は次席家老の米田家の通称であった。松浦玲によれば（『増補版　横井小楠――儒学的正義とは何か』）、上席家老の松井家と米田家には確執があったが、天保五年（一八三四）に松井式部と米田是容は揃って文武芸倡方《ぶんぶげいとなえかた》に就任している。文武芸倡方というのは時習館の運営を司る責任者であった。米田是容は江戸在勤となり、一時この役職から離れていたが、天保七年（一八三六）に藩主細川斉護が松井式部を解任して米田是容を復職させ、時習館改革を命じた。

米田は中老の平野九郎右衛門と奉行職の下津休也《しもつきゅうや》の協力を得て居寮制度の改革に着手した。当時、居寮生になったばかりの元田永孚によれば、それまでの居寮生は才芸を問わず、門閥の子弟や、自活できない貧しい学徒でも自己請願すれば入寮が認められていたのを廃止して選抜制とした。門閥の子弟も選抜され、「国用」に役立つ人材として育成する事を目指し、人員も倍増して俸給も充実することとした。この改革は「下津久也翁横井先生の建議に出てたるなり」（「還暦之記」『元田永孚文書』第一巻二〇頁）というように居寮世話役であった小楠と下津久也の建議によると記している。

小楠は居寮制度の改革と同時に居寮長に抜擢されたこともあり、時習館改革に参与したのは確かであるが、堤克彦によれば（『横井小楠の実学思想――基盤・形成・転回の軌跡』）小楠が居寮長に任命される前に基本方針が藩主の「尊慮」としてだされているので、時習館改革は必ずしも小楠の発議によるものではなかったことは明らかである。

江戸への留学制度

「居寮生之儀付而扣帳《きょりょうせいのぎについてひかえちょう》」によれば、居寮生に選ばれるものは一郷の内で俊秀の聞こえが高い者で、人物が「篤実・剛毅」な者、または禄高一千石以上の嫡子で、いずれも将来は藩政を担う器となる見込みがあるものを選考の対象とした。「訓導」が教授・助教に推挙するのであるが、公平に選ぶために平常交わっている居寮塾長や講堂の世話をしている者たちの意見を聞き、「精密之議」を経ると規定されている。さらに、教授・助教においても議論し、その結果を書面で「学校奉行」へ上げて居寮生を決定するというように、選考に客観性を持たせた。

居寮生に上がる前提として、四書（『論語』『孟子』『大学』『中庸』）と『資治通鑑《しじつがん》』を熟読し、文章か詩文のどちらか一つは学んでおくことと定められている。時習館改革のもう一つの改革は留学制度である。居寮生の三年満期が過ぎると一定の教科に精通し、人物が篤実《とくじつ》・剛毅《ごうき》であり、学業に精勤であることなどの条件を満たしたものが江戸への留学を許された。元田永孚はこの改革の様子を次のように回顧している。

横井先生の塾長として生徒を誘導する大に発揮する所あり長岡監物子（米田是容）国老を以て文武総教を兼ね居寮の生徒を引て親から会読し一時の盛なる生徒皆奮進志を合せ相共に親睦を主とし悖戻する所無し月に一回親睦会を興し杯酒欣歓更に心肝を披豁して隠忌すること無し。（同前二二頁）

このように、米田が自ら会読を主催するなど、時習館の単なる制度改革にとどまらず、時習館の学問刷新の様相を呈するようになった。しかし、時習館改革は先にふれたように米田是容の文武芸倡方の就任時に上席家老の松井式部との軋轢があり、またこの改革が教授や助教を飛び超えて居寮長の小楠が奉行職の下津休也などと実行したことにより、時習館内外に改革に反対する勢力が形成された。

改革派のグループは月に一回親睦会を開き「杯酒欣歓更《はいしゅきんかんさら》に心肝を披豁《ひかつ》して隠忌《いんき》すること無し」というように、大いに気勢を上げ、「酒興《しゅきょう》の余談笑戯謔遂に忌嫉する所となり楯岡鎌田坂本澤村等辞し去り横井先生も亦江戸游学を命ぜられて塾長を去れり」（同前）というように、改革に反対する勢力からの圧力を受けて下津休也は奉行職を解任され、米田是容も文武芸倡方を辞し、小楠も江戸留学を命じられるなど、時習館改革派は影をひそめるようになった。

4 小楠の立志

時習館の学統

時習館が創設される以前の熊本藩では藩主の侍講として陽明学者の北島雪山が招聘されていたが、やがて朱子学が重視され、大塚退野《おおつかたいや》や藪慎庵《やぶしんあん》のような経学を重んじる朱子学者が着任した。時習館の創設期には文学を重んじる秋山玉山が登用され、経学を重んじた大塚退野は退けられた。後に述べるように、小楠は大塚退野の学問の復活を主張した。大塚退野は家禄二〇〇石の熊本藩士で、名を久成といい、はじめは孚斎、後に退野と号した。御番方から御切米奉行などを経て家督を長子に譲り、学問に専念して門弟も受け入れていた。退野は、最初は知行合一を重んじる陽明学を信奉していたが、後に朝鮮儒者の李退渓《りたいけい》が著した『自省録』の影響を受けて、道徳実践と経学を重んじる朱子学に転じたといわれている。元田永孚によれば、小楠は時習館の学問の系譜について「藩校の興る宝暦の盛時にありて其挙は素より美なりと雖も学問正大ならず秋玉山徂徠を主とし専ら文辞の学藪孤山家学に由て程朱の学を唱え其実は政事の才なり高本以下は又小なり」（同前二一頁）と、あまり高い評価をしていない。居寮生になったばかりの元田に対して、小楠は「凡そ学問は古今治乱興廃を洞見して己れの知識を達するにあり須らく博く和漢の歴史に渉り近小に局すへからす廿二史の書等を一読すへし」と指導している。つまり、「経国の用」に役立つためには、歴史を通して国家の治乱興亡《ちらんこうぼう》を学ぶことが必要だとのべている。さらに、自分の見解をのべて志を達成するためには「文章」を学ぶことも必要だと指導している。

小楠の思想形成の基礎

小楠が時習館の居寮長時代に書き記した「寓館雑志《ぐうかんざっし》」と題した随筆がある。その中で、小楠は「学は志を立てるより貴きはなし」と述べ、何の為に学問をするのかという「志」が何よりも重要であると記している。小楠は王塘南の言葉を援用して、学問を志そうと決心する初めに、「天地の為に志を立て、生民の為に命を立つ。往聖の為に絶学を継ぎ、万世の為に太平を開く。」(『遺稿篇』七八〇頁)という「志」、つまり天地のために真理を明らかにし、人民の幸せを願う使命感を持ち、古の聖人が打ち立てた学問を継承し、平和な世の中を実現するという「大志願」を持つべきであると述べている。また、小楠は歐陽公の「天下之事必ず窮して後に知る。いまだ窮困の地を経ざれば、なんぞ天下の情を得ん」(同前七八六頁)という言葉を引用して、「達するかな言」と賛同の意を表している。

熊本藩の農民や下級武士の困窮を身近に体験していた小楠の立志は、こうした現実の上に成立するものであった。小楠らが取り組もうとした時習館改革の構想は、熊本藩が抱える様々な課題に対処できる能力を持った人材の養成と結びついていた。小楠の思想形成の基盤には、小楠を含めた熊本藩の貧しい階層の人々の存在があった。

第二章　江戸に留学

1　江戸留学の経緯

「手を分かちて、前途吾独り行く」

天保一〇年（一八三九）三月、小楠は江戸留学を命じられた。時習館の規定によれば、居寮長を三年満期終了して、人物・学力共に優秀と認められれば推薦により江戸留学の栄誉が与えられることになっていた。

小楠研究の基本文献となっている伝記編を著した山崎正董《やまざきまさただ》をはじめ、多くの小楠研究では小楠の江戸留学は栄誉であると記している。しかし、松浦玲が主張しているように、時習館改革の責任者が解任され、次いで居寮生に影響力を持っていた小楠を時習館から切り離すという意図があったとみるほうが自然である。（松浦玲『増補版　横井小楠』）

江戸に出立するに際して、菁莪斎《せいがさい》で小楠と共に学んだ学友が大津の駅まで送って行き、別れの小宴をひらいた。その時の様子が「東游小稿」という詩文に表現されている。小楠は次のような詩を詠んでいる。

杜鵑の聲裡、夜沈沈。燈華を挑げ盡して此の心を話す。
怪しむ莫れ、別離に頻りに涙を攬ることを。十年の苦学同衾を想う。
史を談じ経を講じて五更も短し。当時何ぞ料らん別離の情を。
言を為せよ、学舎の諸君子。手を分かちて、前途吾独り行く。

（「東游小稿」『遺稿篇』八五五頁）

時習館で共に学んできた同志たちと別れを惜しむ様子を詠った詩であるが、最後の「言を為せよ、学舎の諸君子」という表現は、時習館改革を半ばにして肥後を去る小楠が、後に残した学友に託した言葉ともとれる。このように解釈してくると、「前途吾独りゆく」という一節にはある種の悲壮感さえ感じさせるし、江戸留学は必ずしも小楠が望んだものではなかったことがうかがい知れる。

江戸への路　菁莪斎の学友と別れた小楠は叔父の永嶺庄次の養子となった弟道明（永仁）にも別れの一首を詠み、日々の心構えを説いている。大津から豊後路に入り、兄に仕えていた佐々倉郷士の石黒熊太《いしぐろくまた》の家に立ち寄り酒宴を開いてもらうなどしながら、鶴崎の郡代として赴任していた兄の時明の宅にしばらく逗留した。そこから海路で大坂に向かい、変化する風景を楽しみながら詩文の創作に熱中している。その船旅の様子は「船中雑詩」にまとめられている。大坂湾から淀川を上り、伏見まで遡り、そこから江州へと陸路をとった。石部の宿では、客舎の壁に父時直がかつて江戸に上がる途上に宿泊したおりに記した名札を発見し、涙しながら「唯夢に時に厳顔に接することあるを、遺物を看る毎に涙潸潸《せんせん》、十年の旅舎名札あらたなり、堂上真に鴛頑を叱るが如し」と詠み、今は亡き父を思い出している。

2　江戸の学びと交友

佐藤一斎と松崎慊堂

江戸留学中の小楠の消息は「遊学雑志」に詳しく記されている。それによると、四月一六日に江戸に到着し、木挽町《こびきちょう》の不破萬之助の宿舎に入っている。翌五月一一日には芝の愛宕山の熊本藩屋敷に居を移し、一七日には諸藩の儒者が集まる親睦団体の海鷗社の文会に出席している。この海鷗社の主催者は丸亀藩の儒者赤井源蔵で、神戸や津山や島原、秋月出身の文学者が出席していたが、小楠は海鷗社についてはこれ以上触れてはいない。

江戸留学といえば幕府の昌平坂学問所で学ぶのが一般的であったが、小楠も林家の当主と面会して子弟の礼を取り、佐藤一斎などと会談している。一斎については「当年七十に成る由、壮健なる老人、言語しほらしく物慣れたる容子言外にみるなり」（同前八〇〇頁）と述べるにとどまり、「格別の人は不見」と林家の学問にはほとんど関心を示していない。小楠によれば当時江戸では林家の佐藤一斎と松崎慊堂《まつざきこうどう》が双璧とされていたが、慊堂については「学問博大胸中幾万巻の貯有る事を知らず」とその知識の膨大なることを指摘し、「為人靄然《あいぜん》春風《しゅんぷう》の如く胸中少の城郭無し。予音韻のことを尋しに例の引證を為し其説二時に及ぶ」（同前八〇〇頁）と述べ、高く評価したが、「一斎中々慊堂に及ばず」と一斎に対しては厳しい。もともと林家の家塾であったが旗本の教育機関として再建された昌平坂学問所であったが、「吾初林門に入て思ふ旗本の人多く出入りする可しと考えしに、存外の事なり愛日樓《あいじつろう》（佐藤一斎）の講釈に旗本の人或いは一人も見ぬ程にて、更に平生出入の人なし」（同前八〇七頁）というように、旗本の人たちで学問をする人はほとんど見かけないばかりか、読書している旗本に林家の事を尋ねても詳細に答えることができないと、林家の凋落と旗本の学問離れを指摘している。

藤田東湖との交流

小楠が最も関心を示したのは水戸藩の藤田東湖《ふじたとうこ》である。小楠は以前より東湖の名は知ってはいたが、さっそく訪問し「其人弁舌爽に議論甚密、学意は熊沢蕃山・湯浅常山杯にて、程朱流の窮理《きゅうり》を嫌ひ専ら事実に心懸たる様子なり」（同前七九九頁）と、実践を心掛けるその学問を評価している。さらに東湖を「当年三十七歳、色黒の大男、中々見事なり。」と表現し「当時諸藩中にて虎之助程の男は少かる可し」とかなり高い評価をしている。

小楠は東湖を訪れた際に次のような詩を詠んでいる。

温酒寒園夜蔬を摘む。虚心膝を交えて総て予を忘れる。

議論熱せず水より冷ややかなり。集義内外書を読むに似たり。

（「東游小稿」『遺稿篇』八六三頁）

議論好きの小楠ではあったが、議論に熱中するというよりは、東湖の話に「予を忘れる」ように聞き入り、それは恰《あたか》も小楠が「実学の思想」と考えた熊沢蕃山の『集義和書』や『集義外書』を読んでいるように冷静であるという状態を詠み込んでいる。

小楠は東湖から水戸藩の事情や尾張藩の継嗣《けいし》問題に関して、田安家からの養子を迎えたことに対して国家老が反対するという騒動が起きたという情報を聞き、かなり詳しく書き留めている。

この他にも久留米藩のお家騒動など、諸藩の情報に強い関心を示している。また、旗本問題にも言及している。小楠によれば、旗本は八万騎というが、次第に人数が増えて九万騎にも及んでいて、風俗も多様になっているが基本的に「武」に心がけていて、政治に関しては「異議」を立てないところが「江戸の風俗」となっていると評価している。小楠は「学問究理の末弊《まつへい》」によって士気が卑屈になり「名利」に流れてしまうと、どんなことでも「上の政事」に対して「異議を付け誹謗する」ような風潮が広まると指摘している。その結果、政治は「下の議論」に同調した方向を辿り、国家の政治の所在は「上」になく「下」に落ちてしまう、いわゆるポピュリズムに流れてしまうと次のように記している。

上の人心屈し気労れ下の議論を顧み其の向ふ所に就いて政事を成すに至りて国家の政事上に無して下に落ち威権自ら軽く、其末弊に至り何の術か是を救はん。

（「遊学雑誌」『遺稿篇』八〇六頁）

現代の常識からみれば、政府に対して「異議」を申し立て、政治の所在が「下」にあることが民主主義の原則であると考えるのであるが、むしろ「下」からの異議や不平、誹謗が出ない政治を実践する責任が国家にあるとする儒教的な政治観を持つ小楠にとっては、事なかれ主義で異議や誹謗に迎合した政治を行うことは政治責任の放棄を意味することに他ならなかった。

藩を超えた交流

小楠と東湖の交流は時には他藩士を交えての議論の場となり、諸藩の政治状況を批判的に論じることもあった。一二月二五日に、東湖は小楠をはじめ「列藩諸友」を招いて酒宴を開いた。小楠は各々が漢詩を賦して、志を述べて互いに切磋琢磨をすることを願望すると題した七言古詩を作っている。それによれば古代の堯舜から明や清、さらには日本の治乱興亡の歴史を語って「是の如くして治り此くの如くして乱る」という政治論に及び、さらに「究竟天下明君少く、是を以て乱日史冊に満」と記して「君心を格すは是臣職（「東游小稿」『遺稿篇』八六四頁）と表現しているように、極めて政治色の強い発言を繰り返している。この三日後に東湖から手紙が届き、それには「酔中にても黒白邪正を取違へ候積りは御座なく候へ共右の通り忘却仕り候仕合ゆへ頑鈍迂僻の病別而甚しく、過激の句を吐候得ば安心仕らず、文字間未熟は勿論に御座候」（『伝記篇』六〇〜六一頁）というように、穏やかならない過激な句があったので、ひとまず返却して、このことは内密にしてほしいという内容が書かれていた。小楠は江戸留学中に藤田東湖をはじめ他藩の藩士を通して、それぞれの藩が抱える問題を知る機会を得た。しかし、このような政治論議が後に帰国命令を引き起こす要因ともなった。

3　「鎖国論」を読む

鎖国をどう認識するか

江戸留学で小楠に新しい知見を与えたのは志筑忠雄が翻訳したケンフェルの『鎖国論』であった。志筑忠雄《しづきただお》は、名ははじめ忠次郎、のちに忠雄と称し、長崎通詞《つうじ》の志筑家の養子となり、ニュートン力学や西洋の天文学を紹介した『暦象新書』などを著している。小楠は、未完の「読鎖国論」という短文を残している。日本の地政学的な特質から外国の侵略を守り、蒙古の襲来からも日本を守ったのは天が日本を厚遇したまさに偶然そのものに他ならないと記している。豊臣秀吉が天正一五年（一五八七）に伴天連追放令を出して、外国との交通を絶った。小楠はこれを「雄大之見」と考え、江戸時代の鎖国体制はこれに依拠していると評し、次のように論じている。中国とオランダに港を開いたが、それはこの二国と友好関係を結ぶ目的ではなく、書籍や薬物など、彼らに求めるところがあるからであり、万国の動静を窺い察する目的からではない。この二国との交わりは久しく謹みのあるものであったために、これを許して絶えることがなかったのはわが国の仁を示す所以である。小楠の見るところによれば、江戸時代になって蘭学が流行し、「泰西諸州沿革之勢」が明らかになったが、人々は深い見識がなく西欧の戦艦や火器の優秀さに驚愕し、ロシアやイギリスの植民地政策に「虚喝」されて本当の「天下の勢」を知ることができないというのである。この鎖国が「卓越之見」であると知っていたのがケンフェルであったと小楠は見る。さらに、ケンフェルの見識の優れた点は、同じ地球に存在しながらも地を異にすることによって国の開閉が決まるということを発見したことだと小楠は記している。たとえば、ヨーロッパの陸続きの「地」においては互いに交わらざるを得ず、「開通を道と為す」が、日本のように地形的にも四方を海に囲まれ、自足可能な「地」では、「閉鎖を道と為す」ことが天に順うことであると小楠は読み取る。さらに「天の賦する所既に地を殊にすれば則ち治法また殊ならざるを得ず」というのがケンフェルの結論であると小楠は理解した。

当時の世界状況について、小楠は次のようにも述べている。

> 方今五大州内、列国分裂し、強弱呑幷して帝と為し、王と為す。朝に治まり夕べに乱れて定まること無し。我が永禄・天正の際の猶し。而して我が邦独り泰平の治を願う。
>
> （「読鎖国論」『遺稿篇』六九三頁）

日本の「泰平の治」はケンフェルが論じたように、鎖国によって維持されていたと小楠は理解していたようである。続けて「日益」という言葉で文章は途切れ、未完となっている。

キリスト教への考え

「読鎖国論」では詳しく書かれていなかったが、「遊学雑誌」には「我邦吉利支《きりし》丹《たん》教《きょう》を禁ぜらる々こと深き所以を考えざりしに、ケンフェルが鎖国論にて此の教の大害にして太閤以来厳禁に及ばれしことを知れり」（『遺稿篇』八〇九頁）というように、鎖国論でキリシタンの害を知ったと記している。小楠によれば、ポルトガル人は交易の利を得て、次に人を送り込んで「植民」し、最後に「使僧」を派遣して耶蘇《やそ》教を布教して「新化の者」と結婚をさせて、短期間で大きな富を獲得するというのである。そして、やがては深くその国の人々の信心を得て、「諸事意の如く」になり、ついには国の政治を変革するようになるので、日本の大害になるというような知識を「鎖国論」から読み取っている。キリスト教に関する小楠の結論は「去れば吉利支丹を厳禁のことは甚深遠の慮にて第一は吾が愚民を誑《たぶらか》し信心弘通せしめ禍乱の基に成り、第二は我が貨財を輸し去り虚乏空耗なさしむるに至り、国家の大害此の教に如くもの無し」（同前八一二頁）というように、日本に大きな禍をもたらすという理由で、拒否の立場を表明している。

小楠はケンフェルの「鎖国論」から、鎖国が平和をもたらし、天が定めた「道」と理解していたことが明らかとなったが、ペリー来航後の新しい情報を得た後には、このような邪宗観は克服され、キリスト教が西洋文明の精神的支柱であると、大きく評価を変えることになる。

4 酒失事件を起こす

天保一〇年（一八三九）の一一月二五日付の兄左平太宛の手紙で、小楠は翌年の二月に水戸に遊学する意思を伝え、先方の藤田東湖も受け入れ準備を進めていて、藩庁にもその旨の許可を申請すると書き送っている。計画によれば、五月か六月頃から仙台・会津・米沢をめぐって一〇月には肥後に帰国する予定と記している。「菁莪斎《せいがさい》諸友に與《あた》ふる書」では「大府（江戸）の諸政・旗下の風俗管見の及ぶ所略之を窺いたれば則ち江都の遊僕既に以て益無しと為す」（『伝記篇』六四頁）と考え、秋田から津軽を経て、「外国の事其の情を得可き者は松前に如くは莫《な》し」（同前六六頁）と、当時漂流してロシアや満州に流れ着いて帰国したものがいる松前に足を延ばしたいと考えていた。

「旅中万事慎心之内酒は…」

兄に宛てた手紙の中で、「尤旅中万事慎心之内酒は別て大切にて一切禁制仕り、少も御不安心為され間敷《まじく》呉々存じ奉り候」（「兄左平太へ」天保一〇年一一月二五日、『遺稿篇』二〇八頁）と、旅行中における酒失がないように自制すると書き送ったにもかかわらず、酒失が原因で肥後に帰藩を命じられる事態となった。

事の顛末は天保一〇年一二月二五日に藤田東湖の屋敷で忘年の会が開かれ、東湖も「過激の句」を作し、後日和韻の詩の返却を求めたように、かなり酒量が入っていたと思われる。小楠も財布を取り出し、金二朱を落としたまま帰宅の途についた。事件はその時起こった。作詩について相良《さがら》由七郎《ゆうひちろう》という徳川家の家臣と激論になり、酩酊した小楠が相良の頭を拳にて打擲し、双方が抜刀寸前となり会津藩士が取り鎮めるという事態になった。これだけではなく、小楠はたびたび酒の上で激しい論争を起こすことがあり、天保一一年（一八四〇）二月九日付で江戸詰めの大奉行溝口蔵人と留守居役沢村太兵衛は次のような処分を言い渡している。

　其方儀遊学として御当地へ被㆓差越置㆒候処内意之趣に付、此節御国元被㆓指下㆒旨候条可㆑被㆑得㆓其意㆒候。以上。

　　二月九日　御奉行中

　横井平四郎殿

（『伝記篇』六七頁）

これに対して、熊本藩の重役（中老・家老）から小楠の才能を認め、今回の処分によって小楠の才能を潰してしまう恐れがあると、次のような申し入れをしている。

　此元にて咄合候処は平四郎儀も並みの者には無之、当時之無人中には先は秀才共可申哉に付、此度罷下候ては一統之議論は固り暫く頭上も難成、第一其身も気力を失万一後日勤学出来兼それ出し候様にも有之候ては可惜事に御座候間、聞方にも相成候埒に至り候はゞ、何卒御許にて相当之御咎め被仰付、来年迄は直に被召置候様有之度候。

（同前六七〜六八頁）

これによれば、何とか江戸に留め置き、また争いを起こした人物からの報復等の気遣いもあるので、小楠も希望しているように水戸か奥羽の方面に留学を許してはどうかとの内容で、禁酒の件については厳しく教示し、国元の長岡監物（米田是容）や平野九郎衛門らも過酒は厳しく謹慎するように申し渡すという内容であった。これに対して、帰国処分を下した江戸詰めの大奉行の溝口蔵人は三月二五日付で次のような返事を出している。

被仰下候通承知仕、平四郎儀付いては於此元も段々咄合候趣も御座候得共、同人儀本文の外にも追々於所々及過酒、当春に至候ても猶又申分有之、迚も長く禁酒之見込無之、既白兼詰の内同人心安く相交候面々よりも早く罷下候様相勤め候位の由に御座候処、此節帰省願出候付、長く此元え罷在候ては宜る間敷、（後略）

（同前六八頁）

つまり、小楠の酒失はこれだけではなく、たびたび繰り返していて、禁酒も長く続ける見込みもなく、本人も帰郷したいと願い出ているので国元に返すことが相当であると答えている。江戸詰めの重役である溝口蔵人や沢村太兵衛は時習館で米田是容（長岡監物）や小楠らの改革派と対立した松井派に組した人物でもあったことから、この処分にはかなり政治的な判断が影響していたとが考えられる。

酒で友も失い、江戸を離れる

この事件に関連して、時習館の居寮生時代からの友人であった木下宇太郎との友情も崩壊することになった。木下宇太郎は犀潭または韡村と号し、時習館では小楠と並び立つ秀才でもあった。天保一一年二月に交わした三通の書簡が残されているが、それによれば小楠は、酒失の顚末を熊本藩の江戸留守居役に告げたのが木下であるという疑いを持っていた。親友であるにもかかわらず疎遠になっているのはそれが原因であるという思い込みが小楠にはあった。木下も多忙で親交を温める余裕がないという弁解の書簡を書き送っているが、小楠は納得せず、結果的には小楠から絶交を申し入れている。

この酒失事件では、小楠の酒癖だけが指摘されがちであるが、江戸での藤田東湖や木下宇太郎との交流を通して見えてくるのは、小楠は深い人間的な交流を望み、酒席においては腹蔵なく意見を開陳し、己の思いを正直に表現することを心掛けるという対人関係における基本的な姿勢である。自分に正直に生きてゆく小楠の生き方は、時には激しい論争や衝突を引き起こし、誤解を招くこともあった。小楠はこの酒失事件の後、詩に託して次のような反省を表明している。

予性酒を愛して而して乱に及ぶ者屢々なり。嘗て一たび飲を断ちしも月ならずして弛めり。此の春遂に小坂九郎と約し意を決して厳禁す。此の約に背かざることは江河の若くならん。詩を賦して心に銘す。

（同前七五頁）

幾たびかの断酒もあまり効果はなかったが、今回だけは厳禁とすると悲壮な決意を披歴している。それほど小楠にとって酒失による帰国は本意ではなかった。江戸に向かって肥後を旅だったちょうど一年後の天保一一年（一八四〇）三月に小楠は失意のうちに江戸を離れることになった。

第三章　実学の追求

1　反省と思索

米田是容（長岡監物）と小楠

江戸を去るにあたり小楠は「発邸書客舎壁上」と題した詩を作している。「住むに慣れる邸中の舎、発つに臨み小詩を題す」から始まるこの詩は江戸で過ごした一年間の小楠の総括が込められている。

一年汝が主たり、豈別離を傷《いた》まざらん。但し是れ人生の事、去留何ぞ必ずしも期せん。譬えば雲の変態、集散の定時無きが如し。汝に謝す年来の事、来事は俗と違い或る時は夜更けまで座し、書を読み思う所りて心に会すれば之を文に編み、情に触るれば、之を詩に属《つづ》る。或いは大いに朋友に会して議論し、肝膈《かんかく》を披《ひら》く。慨然《がいぜん》たる天下の事、悲歌交々卮《さかずき》を把《と》る。淋漓《りんり》として意気揚がる。酔語は四隣に馳《は》す。会者は俗客無く、多くは是れ天下の奇、奇才は豈得ること易からん。心を殫《つ》くして新知に接す。究竟《きゅうきょ》するは是れ学士。交遊遺さざらんと欲す。謝するは汝年来の事。幸いに此の生癡《せいち》を寛《ゆる》せ。

（「東游小稿」『遺稿篇』八六五頁）

「汝」と問いかけているのは、一年間住み慣れた客舎のことである。夜更けまで読書に耽り、文章を書き、感ずれば詩を作り、時には朋友と腹蔵なく意見を交わして議論し、天下の事から個人の悲しみまで、途絶えることなく盃を交わしながら論じ合った様子を描いている。そして、その相手はいずれも天下の逸材で新しい知見を開き、徹底的に真実を極めつくすというような、実り多い一年の江戸留学に感謝の意を表している。

「学問の仕直し、人生観の立て直し」

熊本に帰郷した小楠は失意のうちに謹慎生活を送っていたが、半年後の一二月に藩当局から次のような正式な処分が申し渡された。

横井平四郎

右の者江戸へ遊学を仰せ付け置かれ候内、間々過酒に及び候内には外向きにおいて不都合の振り捌きをもいたし、その外追々不慎の儀も之れ有りたる様子相い聞こえ、遊学の為に差し越され候身分、別して不埒の至りに付き、七十日逼塞《ひっそく》仰せ付けられ候事。

（『伝記篇』八四頁）

江戸留学を中止して帰国を余儀なくされただけではなく、さらに七〇日の蟄居閉塞《ちっきょへいそく》を命じられた。もともと横井家は豊かではなく、居寮長としての手当でやっと生活を維持していたのであるが、それも無くなり兄の厄介になり、ますます生活は窮乏を極めた。この頃の小楠の生活状況について徳富蘆花は次のように記している。

江戸から不名誉の帰国をした横井平四郎は、兄の家の六畳の一室に謹慎しました。頗るの貧乏で、その六畳の畳は破れ、壁はぼろぼろに崩れ、雨戸が無いので藁薦を軒からつり下げて雨風を防ぎ、縁は青竹を束ねてありました。下男は一人居ましたが、手不足なので部屋住みの平四郎は時には飯炊き水汲みなども手伝いました。

（『竹崎順子』〔蘆花全集第一五巻〕四四頁）

蘆花によれば、小楠はこの苦難な時期に「学問の仕直し、人生観の立て直し」を行ったと記している。小楠は、孔子の「古の学者は己の為にし、今の学者は人の為にす」という一句を引いて、人に知識をひけらかし、論争するだけの学問（人の為にす）から、自分を見つめ直し、しっかりとした自己を確立する学問（己の為にす）を志そうとした。小楠は行燈や襖などいたる所に「道就於用不是」という言葉を書いて思索を続けた。「道は用に就くも是ならず」というのは、人が行うべき真理（「道」）は実用に供すから正しいというのではなく、あくまでも何が真理であるかということを追求する態度を表明したものである。小楠は「実学」を単なる「実用の学」ではなく、より深い人間の学として模索したのである。それまで学んできた朱子学に関しては、「嘗て朱子の書を読み、其の旨を会する有るが如し、致知固より軽からず、重んずる所は実履に在り」（「感懐十首並に序」『伝記篇』八八頁）というように、朱子学を実践することが重要であると記している。その実践というのは「静裡《せいり》に閒気《かんき》を養ひ、動処《どうしょ》に天理を察す、須臾《しゅゆ》も道を離れず、此に至れば是達士《たっし》。」（同前）と述べているように、「道」に従って生きることであった。元田永孚はこのあたりの経緯を次のように回顧している。

時に横井子江府より帰り、其江府に在る酒後の過失に因て官の責罰を受け、七十日禁足の戒に服し門を杜《とじ》て書を読み、初め陽明の書を読み直に其学の偏なるを看破し、次に程朱《ていしゅ》の書を読て其純正なる聖人の道果して茲に在りと信じ、下津子に之《ゆき》て其所見を陳し荻子余に語るに此理を以てす。
（「還暦之記」『元田永孚文書』第一巻二六頁）

元田によれば、小楠ははじめ陽明学と取り組んだが、その問題点を悟り、程朱の書を読んで聖人の道がここにあると信じた。すなわち小楠の「学問の立て直し」は朱子学を実践の学として捉え直すことから始まったのである。

2　実学研究会の結成

時習館改革グループの学問

元田の「還暦之記」によれば、江戸から帰国した小楠が反省の日々を送り、学問の再構築に取り組んでいたころ、かつての時習館改革グループの面々もそれぞれの立場において自己の学問を追求していた。

かつて奉行職にあった下津休馬は『論語』に立ち返り、『論語』を通して新しい生き方を模索していた。元田は荻昌国らと荻生徂徠の学問や熊沢蕃山の学問などを学んでいたが、徂徠の卓見の所在と「道理の帰する所」を追求したが、発見するに至らなかった。そして孟子の書を読むに至って「其れ何ぞ必ず利を曰わん、亦仁義有るのみ」という確信を得て、経済を重んじた徂徠の学問は「其源本する所無きを看破」（同前二六頁）したと記している。つまり、学問の根本である人間の在り方を問う原理を持たないというのである。元田と荻は『孟子』を通して「天下を治むるは吾心の仁に在り外に求むへからず」というように、政治を行う主体の倫理を重視する結論に至ったとも記している。こうした視点から熊沢蕃山の『集義和書』を読むと「熊沢の経国は王道にして其学の蘊蓄測るへからさるを敬慕」（同前）するというように、高く評価できると判断している。また、長岡監物は最初は山崎闇斎《やまざきあんさい》や浅見絅斎《あさみけいさい》などの朱子学を学んでいたが、歴史に強くなかったので歴史に精通している小楠を招いて『通鑑綱目』の研究会を開くようになった。さらに監物は小楠に請われて『近思録』

を読む研究会を開くというように、かつての時習館改革グループは学問を通して交流を深めていった。

実学研究会の目的

このように、実学研究会は突如として結成されたのではなく、それぞれの研究会活動を通して、徐々に成立していったとみるほうが妥当である。小楠と監物が互いに学びあい、それに元田と下津、荻が加わって『通鑑綱目』と『近思録』の会読が始まった。元田は「是を長岡太夫下津横井二先生荻子余と会合の始にして実学の権輿とす」（同前二七頁）と記している。実学研究会の発足の時期に関しては諸説あるが、天保一四年（一八四三）説が有力である。研究会は「月に十回二十回或いは隔日或いは日々集会」とあるようにかなり頻繁に開催されている。実学研究会の目的とするところについて、元田は次のように述べている。

其講学する所は誠意正心の実、心術の微より工夫を下し、閨門《けいもん》の内人知らさるの地に専ら力を用い、治国安民の道利用厚生の本を敦《あつ》くして、決して智術功名の外に馳せず。眼を第一等に注け、聖人以下には一歩も降らす、日用常行孝悌忠信《こうていちゅうしん》より力行して、直ちに三代の治道を行ふへし。是乃堯舜の道、孔子の学、其正大公明真の実学にして世の人之を知る者鮮し。

（同前二七頁）

小楠らが追及したのは、単なる「実用の学」という意味での実学ではなく、どちらかというと「真理の学」としての実学に近いものであった。それは、三民を統治する主体として、何よりも「誠意正心」という徳の形成をめざし、国を治め民の生活を安定させるという目的をもったものであった。実学研究会の面々はこれを「三代の治道」または「堯舜の道」を実現する学問と称した。彼らの見るところによると、多くの「俗儒《ぞくじゅ》」は単に「記誦詞章《きしょうししょう》」、つまり文章の記述や暗誦にこだわり、「修己《しゅうこ》治人《ちじん》」という自己形成に無関心であった。漢代の儒学以降は誤った学問が継承されてきたが、宋代になって朱熹が本来の学問を復活させたというのである。しかし、日本に伝わった学問で、「修己治人、道徳経綸」を学んだのは熊沢蕃山で、熊本藩においては時習館創設時に退けられて野に下った大塚退野と平野深淵の二人だけであると記している。この二人はともに朱子学者であったが、時習館が創設されたころは、細川重賢による宝暦の改革が実行されており、その時代の改革を先導したのが徂徠学であった。それ以降、時習館の学風は徂徠学の影響を継承していた。実学研究会が徂徠学を批判的に見たのも、時習館の学風に対する強い批判を込めたものであったと思われる。

　大塚退野は朝鮮儒学の李退溪の影響を受けており、とりわけ李退溪の著書である『自省録』は朱子学の中でも、心の修養を重んじる主理派の傾向を強く持っており、近世初頭の藤原惺窩や山崎闇斎に大きな影響を与えた。小楠は朱子学の原点に回帰する過程で李退溪にたどり着いたのであるが、先にも触れたように、陽明学の系統をくむ熊沢蕃山に高い評価を与えているのは何故であろうか。元田の回顧によれば天保一一年（一八四〇）の時点において、小楠は「七〇日禁足の戒に服し門を扛《とじ》て書を読み初め陽明の書を読み直に其学の偏なるを看破し次に程朱の書を読て其純正なる聖人の道果して茲に在り」（同前二六頁）といって、その所見を元田をはじめ実学の仲間に述べている。

しかし、嘉永五年（一八五二）に岡田準介に宛てた書簡では「日本之書にては熊沢之集義和書《くまざわのしゅうぎわしょ》は格別に相見申候。尤外書之方は甚以疑しく、決して熊沢之書にては有御座間敷《ござあるまじく》と兼々存罷《ぞんじまかり》在り、去年岡山へ参り承り候処彼方にては偽書に相違無御座と申事にて疑晴れ申候」（『遺稿篇』一七六頁）というように、熊沢蕃山に深く傾倒していることがわかる。蕃山と小楠の思想的な連関を明らかにする史料は存在しない。しかし、「愚は朱子にもとらず、陽明にもとらず、ただ古の聖人に取て用い侍るなり。道統の伝のより来ること朱・王と同じ」（「集義和書」『熊沢蕃山』（日本思想体系三〇）一四一頁）という蕃山の学風と、「時・処・位」の概念を用いた実践的な蕃山の思想と小楠の思想との整合性は大きい。

3　実学党の台頭と学校党

勢力を増す実学研究会

実学研究会の結成が、当初より熊本藩政や時習館の学風に対して批判的な方向性を持っていたと述べたが、元田は次のようにも記している。

> 今日吾儕《わなみ》五人斯学《しがく》を覚得するは独一身の幸のみならずして一藩の幸亦天下の幸也。特に長岡大夫の地位を以て学徳共に備はれり、之を拡充して一国に及ぼして、推て天下に及ぼすは難きに非ず。
>
> （「還暦之記」『元田永孚文書』第一巻二七頁）

つまり、長岡監物（米田是容）を中心に、実学を藩政に実施してゆけば、停滞した藩政の改革が出来るという展望を持っていたことは確かである。その限りで、実学研究会はきわめて政治色の強い性格を内包するものであった。弘化元年（一八四四）に長岡監物は藩主細川斉護に意見書（上書）を提出している。元田はこのあたりの事情について「長岡大夫の建議するする所、文武の道を興隆し、礼譲の風を誘導し、疎暴浮薄《そぼうふはく》の俗を更むる等、皆公（斉護）の嘉納する所たるを以て、遂に学校教授及び武技の師範に教諭書を示し、更張する所あらんとす。是実学の一藩に行われんとするの機会」（同前三一頁）と述べている。この意見書を提出した年に、監物は再び熊本藩の文教政策の最高責任者の役職である文武芸倡方に就任した。かつて時習館改革にあたった当時は、対立する上席家老の松井式部との軋轢から解任を余儀なくされたが、松井式部の流れをくむ派閥が已然として大きな勢力を持っていた。その中で、小楠と監物らの実学研究会には「実学」を旗印に多くの人材が集まるようになった。元田によれば、小楠は常日頃から時習館の教授や訓導以下の人々を蔑視するなど、お互いに強い対抗意識を持っていた。監物の文武芸倡方の就任を期に実学研究会の面々がにわかに勢力を張るようになると、「学校は感公の興す所にして、一藩の学文茲に帰す。然るに長岡大夫横井氏等私に学派を立て党を結びて学校と相反するは決して宜しきに非ず」（同前三四頁）という批判が起こり、両者の対立が激化した。

激化する学派の争い

小楠が江戸留学で大きな影響を受けた人物に水戸藩の藤田東湖がいたことはすでに述べたとおりである。水戸藩では幕府や諸藩に先駆けて、藩主斉昭がいち早く天保の改革に着手し、諸藩にも大きな影響を及ぼした。藩内の土地制度を見直し、藩校弘道館を開設して教育の振興をはかり、「学問事業を殊にせず」という実学志向は小楠らの実学研究会にも少なからずの影響を与えていたと思われる。ところが、老中水野忠邦の失脚に伴って、幕府の天保改革が頓挫すると、弘化元年（一八四四）には斉昭をはじめ藤田東湖などの水戸藩の改革派も幕府から謹慎を命じられた。この影響は熊本藩にも及んだ。元田は次のように記している。

長岡大夫の一派水府藩士と意気相通じ、学風《がくふう》較《くらべ》似たるを以て、若し此の一派をして志を得せしめば、吾藩も亦幕府に忌む所となり、その禍の及ぶ所遂に君侯《くんこう》の罪に帰するに至らんも測り難しと。俗吏一統の議する所となり、務めて長岡大夫の一派を指斥して実学党と名づけ、肯て交通することをなさざるに至れり。（同前）

つまり、幕府の嫌疑を受けないように、小楠や監物のグループを実学党と名づけ、水戸藩の学問に通じているとして排斥し始めた。このように、学校党や実学党はお互いに排斥しあう呼称として用いられていたようである。

このような藩内の対立の激化を恐れた藩主斉護は弘化三年（一八四六）再び監物の文武芸倡方を解任した。翌年に監物は事態を収拾する意味で、藩主に家老職の辞職を願い出た。元田の回顧する所によると、「素より水府の学風を効ふに非ず、其興国の志は同じと雖も経国の道は見る所亦異なり、是常に四先生と講熟して自信する所」（同前三五頁）というように、興国の志は同じくするが、経国の方法は異なると断言している。

このように、熊本藩の改革派は再び挫折するのであるが、監物の家中の中には今回の監物の辞職の責任は小楠にあると主張するものもいて、小楠の身に危害が加えられる恐れが生じてきた。監物は必死に説得して事なきを得たが、これ以降、小楠と監物は共同で研究会を継続することもなく、次第に疎遠になっていった。

4　小楠の実学と経世論

具体的な藩政改革構想

小楠の実学は抽象的な机上の論ではなく、藩政改革の構想と結びついたものであった。小楠が酒失で江戸留学から帰国して長岡監物らと実学研究会を結成するころに『時務策』という献策書を書いている。これまで『時務策』は年代不詳とされてきたが、その内容と藩政との関連を詳細に検討した鎌田浩の天保一二年説が有力である（鎌田浩「熊本藩の支配機構（三）」『熊本法学』一九号）。いずれにせよ、『時務策』は小楠が酒失で肥後に帰ってきてから実学研究会の結成までに書き上げた献策で、家老職の長岡監物への政策提案を意識したものと考えられる。

『時務策』では、熊本藩では名君とと称えられてきた細川重賢による宝暦の藩政改革と、それ以降の藩政の在り方を厳しく批判している。藩財政の逼迫や下級武士と庶民の困窮については、「太平二百余年に及び、風俗自然に凌夷して、綱紀法度弛み乱れ、素樸倹約の政行われず、世の中奢美に流れ行き、其末上下困究に陥入る難渋迫差迫りたは、天下一統の同病にて、独り御国斗の事に非ざるは、委細に云に不及ことなり」(「時務策」『遺稿篇』六五頁)という認識を示している。武士や庶民の困窮を「天下一統の同病」というように、全国的な現象であるととらえ、その原因を倹約の政治が行われず、世の中が華美に流れたところにあると見ている。「倹約令」は幕府改革や藩政改革の際に、為政者が用いる常套句であり、貧窮の問題を根本的に解決する有効な方法とはなり得なかった事はいうまでもない。小楠によれば、倹約令は本来「聊《いささ》かも官府に利する心を捨て、一国の奢美を抑え士民共に立ち行く道を付くる」(同前六九頁)ことを基本とするものであったが、多くの倹約令は「上の御難渋に因て諸事御取〆に成され、御家中手取米を減ぜられ又町・在に懸け寸志銀をとらるる道行」(同前)であり、下級武士や庶民の経済負担と犠牲の上に、「お上」の財政問題を解決しようとするものであると厳しく批判した。小楠は重賢による宝暦改革以降の藩当局の基本姿勢を批判したうえで次のように主張した。

政府の議論、凡て官府を利する手段を捨て、御国中士民の利益に成る道を世話する富国の道に一決し、第一櫨方・平準方・蠟〆所を崩し取り払い(中略)、一切ふやし方を相止め、入る所の米金を厳重に納貯ふる迄に相極め、扨右の局々にて是迄扱ひ来れる穀類を始め、諸物産を推したる利益筋を止め、一統の拝借は成る可き事なれば此筋一切流し捨に致すべし。

（「時務策」『遺稿篇』七二頁）

富の分配・民間資本の蓄積

熊本藩では五ケ町が商業活動の特別区に指定され、それ以外での商業活動は、生活に直結する最小限のものを除いては、原則として認められていなかった。この五ケ町の商人には、藩当局の庇護の下で、商業活動に関する独占的な諸特権が与えられていた。これは農村における商業資本の発展を抑止し、農村の階層分化を防ぐ意図もあって、熊本藩の一貫した政策であった。また、熊本藩最大の商品生産である製蠟業《せいろうぎょう》の原料となる櫨実《はぜみ》の栽培と流通を藩の専売としたことによって、民間の自由な経済活動の発展を阻害していた。

「富国の道」を「士民の利益に成る道」と考える小楠は、以上のような藩営の貨殖《かしょく》政策に「士民困窮」の原因を見るのであった。つまり、民間の自由で自立した経済活動の促進を通してこそ、「富国」実現の道が開かれるというのである。小楠は生産農民や惣庄屋等の経済活動の桎梏《しっこく》となる「櫨方・平準方・蠟〆所」のような藩経営の機関の廃止を主張した。

『時務策』で述べられた富の分散と民間資本の蓄積を骨子とする小楠の経世論の基調は、藩当局から疎外された小楠を支える新興の豪農知識人の存在に通じるものでもあった。

第四章　私塾小楠堂の設立

1　豪農の実学

門弟を取りはじめる

徳富蘆花の『竹崎順子』によれば、江戸から失意の帰国をした小楠は、兄の家の畳が破れ、壁が崩れ落ちた粗末な六畳の一室に謹慎し、「学問の仕直し、人生観の立て直し」に専念した。孔子の「古之学者為己、今之学者為人」つまり、人の為にする学問ではなく、自己形成のための学問に専念している。やがて、「苦学三年豁然として通ずる所があったので彼は所得を頒《わか》ち得る位置に立ちました」と述べているように、三年間「聖賢の学」に打ち込み、それまでの学問に不足していたところや、学問に向かう小楠自身の姿勢を厳しく反省し、総括したうえで、小楠なりの納得がゆく結論に達した。

長岡監物らと実学研究会を起こしたのとほぼ時を同じくして、小楠は門弟を取りはじめた。最初に入門してきたのは葦北郡佐敷郷の惣庄屋の息子の徳富一敬であった。徳富の母は同じく葦北郡津奈木の徳永家の娘であった。小楠の兄の時明の妻清子は、徳永家から熊本の不破家という士分格の家の養子に入り、不破家から嫁いできた。

青年期の一敬は、時習館の居寮長時代から、江戸遊学と酒失で帰国した小楠を知っており、小楠を慕って門を叩いた。その後、一敬は弟の熊太郎（一義）や徳永家の青年たちなどの身内を小楠門下に入門させている。次に入門してきたのは、益城郡《ましきぐん》中山郷の惣庄屋の息子の矢島源助であった。源助は妹の順子の夫の竹崎律次郎（茶堂）に入門を勧め、律次郎は竹崎家の身内を勧めて小楠門下に入門させた。藩当局から禁足を命じられたこともあって、小楠に学んだのは最初は徳富や竹崎のように主として惣庄屋と呼ばれた豪農出身の若者であった。

新興勢力の思想的支柱に

熊本藩の地方行政を特色づけるものに手永《てなが》制度がある。それは郡と村の中間に位置する規模を差配していて、その長を惣庄屋と称した。一手永の石高の平均は二万石前後とされ、小さな封建領主に匹敵するものであった。この制度は細川氏が熊本に入国した寛永九年（一六三二）に旧豪族の階層を中心に構成したのに始まる。その目的は旧豪族を世襲藩士に組み入れることによって、従来の農民との従属関係を利用して、地方行政の末端機関とする所にあったと言われている。しかし、宝暦年間を境に、これら旧豪族を中心とする惣庄屋は衰退し、農村で新たに経済力をつけ、郷士株を買い取った金納郷士が台頭して惣庄屋となった。金納郷士は従来の世襲封建家臣団とは性格を異にし、経済力を背景に、相対的な自立性を打ち出すようになった。小楠の経世論はこうした新興の惣庄屋を主体としており彼らはやがては肥後豪農実学党と呼ばれるようになり、維新後の熊本の近代化を担うようになる。

徳冨蘆花は、小楠と門下生との関係を次のように叙述している。

四十を越してまだ定まる妻もない部屋住みの平四郎は門生の謝儀が唯一の収入でした。謝儀は区《まち》区《まち》でした。竹崎律次郎新次郎の如く米三四俵を納るるものもあれば、年末に兄弟各金拾両を納むる徳富もありました。塾の建築、先生の旅行など云ふ臨時の出費は、勿論子弟が喜んで負担したものです。この頃の小楠の生活はこれらの惣庄屋出身の門下生が持ち寄る。

（『竹崎順子』六七頁）

小楠の生活は、このように惣庄屋出身の門下生に支えられていた。弘化三年（一八四六）に横井家は水道町から相撲町に居を移し、小楠も一二畳の居室を確保して、塾生を教える教場とした。翌弘化四年に塾生からの献金によって、塾舎を新築し、小楠堂と名付け塾生も寄宿できるようになった。

実学党は、長岡監物を中心とする士族の実学と小楠を中心とする豪農の実学というように、二つの流れに分かれていった。士族の実学では、為政者の在り方を重視し「大学」の明徳を明らかにする政治倫理を重んじた。他方、小楠は新民を重んじ、旧来の民衆が自立して社会刷新の主体となる方向性を重視した。

2 小楠堂の教育

小楠は藩当局からは疎まれ、時習館の主流を占めていた学校党からは異端視されていたこともあって、小楠堂に入門したのは惣庄屋と呼ばれた豪農が中心であった。かつて小楠とともに実学党を主唱した元田永孚でさえも、小楠とは距離を置くようになった。親に内緒で密かに小楠の下に通った嘉悦氏房や安場保和のような藩士もいたが、武士階層ではむしろ藩外からの入門者が多かった。熊本藩の隣の柳川藩からは池辺藤左衛門をはじめ多数の藩士が小楠の下で学んでいる。柳川藩では小楠の学問を肥後学と呼び、大きな勢力を持っていた。小楠堂には細かい規則はなかったが小楠自筆の次のような掟書が掲げられていた。

約束事・教えに反しないこと、酒を飲まないこと

礼儀を正し高声雑談致す間敷事
師範引廻しの申図違背致す間敷事
酒禁制の事

（『伝記篇』一一九頁）

講義を受ける塾生の基本的な約束事と教えに違反しない事、それに酒好きの小楠には厳しい、酒は禁じるという実に簡素な掟である。このような簡潔な掟は、学ぶ意思があれば誰でも入門が可能であることを意味している。蘆花は小楠堂における教育と師弟関係について次のように叙述している。

講読は古い古い経史、宋学の書類を借りて、問題は生々しいものを捉へました。修身から治国平天下まで打通しの講習です。師弟の間は親しく、互に手を引握って碁の手を争ひ、撃剣なども猛烈にやったものです。癇癪も烈しいが、爽な人で、師の門を訪ふ弟子は二三里前から足が軽うなりました。

（『竹崎順子』九六頁）

小楠の実学は、現在直面する問題を解決する手掛かりを書物を通して追求するという特質を持っていた。農村で切実な問題を抱える惣庄屋にとって、大変有効な学問であった事は想像に難くない。小楠の学問は、これら豪農と関わることによって、さらに進化してゆく。

小楠の講義

小楠の講義に関しては、淇水文庫に門弟が書き残したものがある。それらは「講義及び語録」として『遺稿篇』に収められている。小楠は古典を読む姿勢として「学の義如何　我心上に就いて理解すべし」（「講義及び語録」『遺稿篇』九三一頁）と述べ、自分の心に問いかけて理解するものでなければならないと説いている。続けて「朱註に委細備はれども其註によりて理解すれば則ち朱子の奴隷にして、学の真意を知らず」（同前）というように、朱子が注釈をほどこした解説書を読んで理解するなら、それは朱子の奴隷というもので学問の意味を知らないことであり、書物を読んだり文書を作ることが学問と考えたら大きな誤りであると小楠は言う。それでは学問とは何かというと「吾方寸の修行也。良心を拡充し日曜事物の上に功を用ゆれば総て学に非ざるはなし」（同前）と小楠は答える。すなわち、心を修行して、良心を日用の事物の上に実践することが学問であると説明している。小楠によれば、後世の学者は具体的な事物の上について良心を拡充する事を知らず、ただ書物上の理解に終始している。これは「古人の学ぶ処を学ぶに非ずして所謂故人の奴隷と云ふ者なり」（同前九三二頁）と厳しく批判している。小楠はたとえば朱子の書物を読む時も「今朱子を学ばんと思ひなば朱子の学ぶ処如何んと思ふべし、左なくして朱子の書に就ときは全く朱子の奴隷也」（同前）と述べて、読書の方法を説明している。朱子が何故そのように叙述したのか、そもそも朱子は何を学ぼうとしていたのかという朱子の問題意識に遡って学ばなければならないと小楠は弟子たちに諭した。こうした学問的な営みは、従来の訓詁学的な学問から、学問をする主体に問いかける「修行」へと転回した。

小楠は『論語』の「有朋」の解釈を重視し「有徳の人と聞かば遠近親疎の差別なく親しみ近づきて咄し合へば自然と彼方よりも打ち解て親しむ」（同前）というように、「修行の心」が盛んになれば、「学ぶ」という営みを通して、身分を超えて「朋」とすることができると説いた。これを小楠は「感応の理」といい、「此義を推せば日本に限らず世界中皆朋友なり」と国家を超えて人と人を繋ぐものとの認識を明らかにしている。小楠のこのような視点は惣庄屋出身の豪農層への教育活動を通して確立されたと考えられる。藩当局や藩士層から遠ざけられたことが、小楠に新しい学問の視座を構築させたということができる。

3 日常生活の学問

成果は目下の者に対する行いに

小楠の門弟の竹崎律次郎は後に漢学塾を開いたが、その教育方法はほぼ小楠の教育を継承したと言われている。律次郎の伝記の『竹崎茶堂』(『伝記篇』一三三頁)によれば、一通りの字義の説明を求めた後、自由に意見を述べて議論し、最後に師が講評するというもので、議論は時事問題に言及する事があったと記されている。

小楠堂に学んだ門下生は、折に触れ具体的な事項について小楠から学んでいる。「義」は「心の制」であり、「事の宜しき」を実行するものであると、小楠は次のような事例を出して説明している。寒中に門前か道端に貧しい人が破れた衣装を着ていれば、今着ているものを与えようと思うが、自分の分限を考えて使っていない着物を与えるのが「心の制」であると説いた。また、親類縁者が貧困で二・三両の金が必要な時、五両を与えようと思うが、このようなことがまた起こるかもしれないと当分必要な金を出すのが義であり、これは「吝」とは異なると説明している。

一家がうまく立ち行かないのは、上にいるものが正しい道を実践しないからであると次のように述べている。

親は親たる道を以て子を愛し、兄は兄たる道を以て弟を愛し、夫は夫たる道を以て妻を愛し、節義正しく己々が道を守れば一家は治まるものなり。夫を引きかへて親・兄・夫たるもの平常無理非道にして我が下なる者を如何様使ひ候ても宜敷様心得ては、子弟や妻たる者も自然と逆らひ戻り終にはそむき離れ、兄より弟、夫より妻も又同じ事にて家の齊は扨置大破となり行き可申候。

（「語録」『遺稿篇』九三七～九三八頁）

小楠の立論の特質は、「上たる人は本領正誠を守り克己勉励いたさねばならぬ」というように、上の立場にあって力を行使することができる者の修養と責任を強調していることにある。小楠によれば「学問を合点」したと自負する者でも、日常生活にそれが活用されなければ「学問を合点」したとはいえなかった。その成果は、自分より目下の者に対する行いに最も鮮明にあらわれると小楠は言う。学問を「修行」ととらえる小楠は、学問の成果は日常生活上に実践されて初めて「合点」の行くものとなると説いたのである。とりわけ、「箱根山　かごかきも人　乗るも人」の芭蕉の箱根峠の発句を援用して、他者に対する憐みの心を常に門弟に説いた。また、門弟から親子間の軋轢に関する質問には自分流儀を押し立てるから親の心と相違するようになるので、「我流を絶ち切り聊たりとも出し不申用平常相心得、克己勉励致さねばならぬことぞ」（同前九四〇頁）と忠告している。

女子教育への貢献

学問は修行であるという小楠の考えは、具体的には「学者修行工夫の義は克己勉励にて虚心になるべし」というように、「私」の欲を克服して「虚心」になることであった。小楠は門下生の日常的な悩みや疑問に対して、具体的に答えているが、何れも修行を通して「私」を去ること、つまり自己を対象化してみる視点の確立を説いている。

日常生活に役立つ実学を提唱した小楠の学問観は、当時の女性の間にも浸透していった。小楠の娘のつせは、熊本バンド出身で同志社に学び後に同志社総長となった海老名弾正に嫁いだ女性である。父の小楠を回顧した手紙で次のように語っている。

父と其の社中の方々との親しみは決して普通の師弟の間柄ではなかった様です。家族同士の親しみも深く、母君や奥様達が先生々々といって慕って来て下さいました。ですから父には多くの女の弟子があったと言ってもよいと思ひます。（筆者中略）物について其の理を究むる所謂実学なるものは日常生活の上に及ぶべきものであるとして談話は卑近な事に亙って参りますから、其の当時の女子に取っては非常に興味深かったことと思はれます。竹崎順子など最も熱心な弟子の一人であったと思ひます。

（『伝記篇』一二三七頁）

海老名弾正肖像写真

竹崎順子は小楠夫人になったつせの姉にあたり、竹崎律次郎に嫁いだ女性である。後に熊本の女子教育に大き功績を残した。小楠の実学が女性に受け入れられたことは、小楠の実学の特質を知る上でも重要な要素となる。熊本藩の惣庄屋層に根差した私塾小楠堂の塾主小楠はやがてその名を全国に知られるようになる。その軌跡は諸国遊歴から始まる。

第五章　諸国遊歴

1　諸藩の観察

小楠はかつて江戸に留学した折に、奥羽列藩への旅を熊本藩当局に願い出て一度は許可を得たのであるが、酒失のために帰国命令を受けて断念せざるをえなかった。それから一〇年の歳月が流れ、諸国遊歴の機会を得た時には、小楠は既に不惑の年を過ぎていた。

体制改革のための旅

嘉永四年（一八五一）二月一八日に肥後を出立して、上方から北陸までを旅程に入れていた。黒船出現の二年前のことである。小楠堂には他藩からの入門者や訪問者も増え、その名声は日々に高まる中、四三歳の小楠の旅は、単なる学びの旅には終わらなかった。この旅は小楠の政治意識や体制改革構想に必要な視座の構築に大きな示唆を与えることになった。

旅には小楠の門弟で徳富一敬の弟の徳富熊太郎（一義）と長岡監物の家臣笠隼太の子弟の笠左一右衛門が同行した。小楠の旅行日程や小楠の感想などは、熊太郎に口述筆記させた「遊歴聞見書」や熊太郎自身が書き残した「東遊日録」という道中日記などを通して知ることができる。小楠は二一藩を遊歴しているが「遊歴聞見書」は柳川藩から紀州藩までの一二藩の藩政の状況や傑出した人物評などが記されている。「東遊日録」は詳細な旅日記の体裁をとり、熊太郎の目を通してみた小楠の言動が記されている。

熊本から北上

柳川藩については、藩主自ら質素な衣類を身につけるなど、倹約の風が徹底していて、芝居や三味線・踊りの類の芸能事も禁止されていると評価している。役人の集まりに酒を出すことはあるが「元気付迄」と酒好きの小楠ならではの観察が見られる。柳川藩での評価できる人物については、小楠は立花壱岐と小楠門下の池辺藤左衛門を挙げている。しかし、藩校の人材教育については、教授の任にあった儒者が「大抵代々の儒者にて誠に下劣無限事に御座候」（『遺稿篇』八二四頁、以下引用は同書）と、見るべき成果をあげていないと手厳しい評価を下している。

久留米藩に関しても、倹約令が行き届き、衣服や宴会の簡素化が実施されていて、柳川藩と同様に芸能事の禁止が行われているが、下々の民衆の間では殊の外倹約を嫌がる風潮がはびこり始めていると観察している。また、筑後川の治水工事の遅れを指摘し、久留米藩の学問は最初は朱子学であったが、水戸学や考証学など一定しないで互いに忌み嫌い、このままにしておけば人材養成の命脈が絶たれてしまい、次第に衰微してゆくと述べている。さらに、藩の政治をめぐりお互いに誹謗中傷して、刃傷沙汰を起こすまでに至っているとその凋落ぶりを指摘している。

次に訪れた秋月藩については、「士風軽浮にして撲実の風之れ無く唯々利に馳候故、文武の道聊実を務候処御座無く候」と辛口の分析をしている。しかし、郡政には力を入れ飢饉に備えた社倉を村々に設置し、人口減に対しては、妊娠すれば庄屋や村役人が立ち合いの上届けさせて、子どもの出生と同時に産衣と薬を配布するなど、行き届いた民生事業に触れている。

九州と本州の境にある下関は大坂に次ぐ大都市で、繁華街では「青楼」（遊郭）が盛んでそのために人々が往々にして身を落とし、風俗を乱しているとその悪弊を指摘している。また、経済の要所としての下関の位置をしっかりとおさえ、米価の変動にも注意を向けている。

長府では「士風が柔弱で見るべき事」はなく、その学問も「風流を主として都会風」であると厳しい感想を残している。

徳山については二〇年来苛酷な課税と賄賂政治が横行していたが、近年刷新され、「非常の倹約」が行われ、「国民を愛育」する政治がおこなわれていると評価している。しかし、これまでの衰退を容易に挽回できない状況にあると見立てている。徳山で小楠が特に注目した人物として井上弥太郎という人物を挙げている。井上は大塩平八郎の門下にあってその十傑の一人に数えれれていたが、大塩が乱を起こす直前に、大塩の門から去った人物である。井上は一時熊本藩の儒者辛島塩井の家塾に学び、小楠とは懇意の仲であった。井上は四年前に弊政を批判して献策したところ、誣告の罪に問われ閉居していたが、再び目付として任用されて改革に着手していた。小楠は井上から様々な情報を得ている。

岩国に入る

岩国に入り、学問を好み、治道に心がけている若い藩主を高く評価し、江戸への参勤交代がないこともあって、都会の風に流されず、「山陽道筋にて稀なる風俗」であると記している。岩国の藩校の聖堂に安置してある「霊像」は大内家代々に伝えられてきたもので、中世の足利学校が所蔵していたものと言い伝えがあり、拝観したところ「眼光が人を射る様子で、自然と敬畏の心が生じた」と感想を述べている。岩国ではまた殊の外倹約令が厳しくて、市中においては夕方の六時頃になれば酒を売ることが禁止されていて、小楠も一度も酒をふるまわれたことがないと記している。錦帯橋《きんたいきょう》のたもとに「訴訟箱」を設け、「お上」の政治向きについて「宜しからずと思ふ筋」は何でも書いて差し出す制度を設けているのも、庶民の声を政治に反映させる仕組みと高く評価している。

広島に関しては、士風の荒廃は限りなく、文武の衰微も山陽第一であり、政治も「利政」のみに偏し、賄賂が公に行われていて、藩の公金を元手に財を成す町人も出ていると実例を挙げて説明している。この中で、小楠は佐藤一斎の門人で吉村重助（秋陽）という人物に注目し、「学意は例の陽明にて御座候得共十分咄も合い面白御座候。山陽道中には第一の人物と見受申候」と高く評価している。広島の世子が聡明でこの弊政を見破り江戸で学問をし、志のある藩士はこの跡継ぎの世子に期待を寄せていると小楠は記している。

広島とはうってかわって、小楠の福山の評価は高い。士風は朴実で純良であり「中国筋にては珍敷御座候」と賛辞を送っている。藩校では四〇歳の藩士までが文武に精を出し倹約令も藩主が率先して実行し、酒宴遊興にいたっては最も厳重に引き締められ、市中は寂寥に見えるほどであると伝えている。

松山では、松平定信の孫にあたる二五歳の英明なる藩主が率先して質素倹約の生活を実行し、当年の凶作をふまえて上納金を免除するなどの政策を実行していると高く評価した。また、藩主自身が領内をまわり、民間の艱難辛苦《かんなんしんく》を見聞し、豪農家ではなく貧窮の農家に立ち寄り、百姓から直接状況を聞くなど「水戸老侯の風味之れ有り」と称えている。

さらに北上し岡山へ

次の岡山の記述は『遊歴聞見書』の中で、最も詳細に記述されていて、他藩の三〜四倍の分量を充てている。岡山は綱紀・士風ともに広島に次いで衰微し、武士の威光が失われ、町人から軽蔑を受けている有様であると小楠は見た。池田光政以来の諸制度が受け継がれているので、民衆を抑圧するような悪政にまでは至っていないが、これも「光政の御遺澤」によって辛うじて保っている記している。小楠は光政が設立した藩士対象の藩学校と士庶共学の閑谷学校及び岡山の学問の説明にかなりの紙面を費やしている。

小楠の説明によれば、閑谷《しずたに》学校は、光政の時代には深山幽谷の閑かな谷間の粗末なかやぶきの建物であったが、その後華美な改修が行われ、江戸の聖堂に匹敵するものへと変貌してしまった。この閑谷学校に於いて、月に六回ほど近隣の農民を集め、朱子の「白鹿洞書院掲示」に関する講釈が開かれ、光政の時代から綿々と継承されて今日に至っているというのである。光政は陽明学の熊沢蕃山を登用したが、光政自身は朱子学を尊崇し、蕃山以外に登用したのは全て朱子学者で「実行実見を本とし講学仕候間、当時の学風は実に見事成る事に御座候」と岡山の学風を高く評価している。しかし、儒官は代々の家職となり、今日に至っては堕落してしまったが、「実学が宜敷と申事は何も承知いたし居候は流石に烈公の御余風と存じ奉り候」と実学を評価する視点は光政以来変わっていないと記している。この他にも、小楠は治水工事や新田の開発など、多くの功績を光政の治世によるものとし、為政者としての光政を「三代以上の御方」、つまり古代中国で理想的な政治を行った堯・舜・禹に匹敵する政治家と最高の賛辞を与えている。しかし、光政に対する賛辞は逆に時代を経た岡山の堕落ぶりを浮かび上がらせて厳しい評価となった。

姫路では主として学問と教育に注目し、その記述が中心となっている。学校は林門（林羅山）と崎門（山崎闇斎）の二派の朱子学からなっていて、前者は「詩文多識」に努め、後者は「固陋《ころう》」に陥り、両者の教授が隔日《かくじつ》に講義を行う有様で公然と二つの途に分かれていると指摘している。しかし、百人余りの寮生を抱え、上級の武士から一般の武士にいたるまで学校に出席し、午前八時頃から午後一〇時頃まで会読等を行っていると記している。また家老や奉行の権威が強固で行政組織も滞りなく機能していると評価している。

『遊歴聞見書』の最後を締めくくる藩が紀州である。小楠の紀州藩に関する印象は「士風陰険なる所之れ有り正大ならず」と必ずしも良好ではないが、やはり御三家という自負があり「善を他に求めずして万事自負の意御座候」と、その独断的な士風を指摘している。学問においては徂徠学が流行していて、少し読書が出来れば直ちに著述に取り掛かる風潮があり、文章を作る能力に長けていて、「先ずは文国」と評価している。官職の制度は万事江戸の幕府の制度を模倣しているが、特に勧農に力を入れ、「紀州程に耕作委敷之れ有る処は御座なく候。農具の制抔誠に至理に至り候」と賛辞を送っている。

以上、小楠の諸国評を見てきたが、共通しているのは士風と倹約の状況の観察である。注意深く読んでゆくと、それは単なる道徳の問題にとどまらず、士風や倹約という道徳上の問題を政治に連結させ、それを学問と教育に結び付けて、やがて変革の思想を構築する小楠の思想転回に繋がるものであった。

2　京都で交流した人々

京都滞在での出会い

紀州以降の小楠の諸国遊歴は徳富の「東遊日録」に頼らなければならない。『東遊日録』では月日が記されていて、小楠の動きが詳しく記されている。四月一五日に紀州を出て、吉野から奈良・宇治を経て四月二一日に京都に入り、熊本藩の御用達の東洞院四条上がる井筒屋嘉平宅に旅装を解いた。

小楠の京都到着を待ちわびたかのように、最初に梅田雲浜《うめだうんぴん》（一八一五～一八五九）の訪問を受けた。雲浜は小浜藩出身の藩士で、京都に出て山崎闇斎の崎門派を代表する儒学者となった。後に尊王攘夷

橋本左内肖像画

論を説いて、安政の大獄で捕縛され獄中で病死した。雲浜は小楠を「実に英邁之質、精練之学、一世之高材」（『伝記篇』一九二頁）と高く評価し、心から心服していた。

雲浜の世話で、小楠は河原町三条下ル二丁目山崎町西側の内田藤造という医師の一室を借り受けて滞在することになった。雲浜の居宅とは遠くなく、二人の交流はますます頻繁に行われた。雲浜から学問の要諦を問われた小楠は次のように答えたと記されている。

先生答ふ。人は初志こそ大切なれ。人を治むる上のみ懸るが功利に帰する。故に先づは己が明徳を人も箇様なれかしと存じ立つるより新民に移るが直ちに真正の学なり。

（同前一八二頁）

ここでも小楠は「為己」の学問、つまり民を治める学問よりも自分を修める学問が大事であると述べ、それが民の自己修養（新民）を促すものへと発展するような学問を提唱している。

京都に滞在中、小楠は積極的に多くの人物と面会をしているが、福井藩士の岡田準介もその一人である。五月に小楠は一人で大坂に出て、緒方洪庵の適塾に学んでいた福井藩士橋本左内と三日の滞在中二回も会談してる。岡田が仲介したと思われるが、かつて適塾で学び塾頭となった奥山静叔が熊本で蘭学及び蘭方医の門弟を指導していて、左内に熊本訪問を促したことが岡田準介に宛てた左内の書簡から知ることができる。左内は熊本に遊学する意思はあったが、父の逝去により実現しなかった。

京都までの旅の振り返り

小楠は京都から長岡監物に宛てた書簡で、九州から京都まで出会った人物に関して次のように記している。

天下人材は誠に大払底にて是迄敬服仕候程の人一人にも出会い仕らず、学意は勿論申すに及ばず正学にても何学にても一向に御座なく候。責めて指を屈候へば柳川に池辺藤左ヱ門・徳山に井上弥太郎・芸州に吉村重助・京都に春日讃岐守・大坂に大久保要此五人にて御座候。就中讃岐守は余程才力明敏なる人物にて深相交り咄合仕候。

（「長岡監物宛書簡」嘉永四年五月六日、『遺稿篇』一五一頁）

小楠が高く評価した春日讃岐守とは春日潜庵《せんあん》のことで、久我家諸大夫として内大臣久我通明・建通親子に仕え、讃岐守に叙任された。朱子学と陽明学を学び後に梁川星巌《やながわせいがん》や西郷隆盛らと通じて、尊王攘夷運動の中心人物の一人となった。ここには小楠の京都滞在に小楠の世話をした梅田雲浜の名は挙げられていない。

雲浜について小楠は越前の岡田準介に「梅田至困に就き御助力成され候義、御厚情の御事に存じ奉り候。此人相替《あいかわり》偏固《へんこ》に御座候段迷惑成る人物、扨扨《さてさて》笑止《しょうし》に存じ奉り候。（「岡田準介宛書簡」嘉永六年五月三日、『遺稿篇』一九二頁）と書き送っている。さらに、雲浜は福井藩の家老や長岡監物にも困窮のためと称して金の無心をしている事実を突き止め「扨々困り入申候。此人陽に正直をかざり、陰に利心をさしはさみ、都会儒者の情態一笑に耐申さず」（「吉田悌蔵宛書簡」嘉永六年七月一三日、『遺稿篇』二〇〇頁）とかなり厳しい評価をしている。また、京都では勤王の志士と交流が深かった詩人の梁川星巌とも交友を結び、京都にとどまれば学習院の教授に推挙するという申し出を受けたが、小楠はそれには応じず京都を去っている。

近江から伊勢にはいって、下宮の神官で国学者の足代弘訓に面会し、書物の情報の交換をしている。津では藩儒斎藤拙堂と会談しているが「斎藤は学派は朱学なれども全く功利に落ち居り、先づ吏才有る人と見ゆ」（『伝記篇』一九九頁）と評価は厳しい。斎藤家に伝わる訪問者を記した名簿には「熊本藩経済家　横井平四郎」とあり、二人の間では藩経済が主要な話題となったと思われる。

横井家の発祥の地の名古屋には五月一九日から六月五日まで滞在し、横井家ゆかりの家を訪問して、家系図を書写するなどに時間を費やした。

3　福井藩と小楠

福井藩の歓待

名古屋から大垣・彦根を経て六月一二日に越前に入った。かつて小楠堂に福井藩士三寺三作《みつでらさんさく》がしばらく逗留《とうりゅう》して小楠から教えを受けたこともあって、福井藩における小楠の知名度は高く、多くの藩士が小楠の訪問を待ち受けていた。京都で行動を共にした岡田準介も越前に帰国して小楠を迎える準備をしていた。越前に到着の翌日から岡田準介の兄にあたる吉田悌蔵や三寺三作の訪問を受け、様々な質問を受けては、それについて講義するといった様子が『東遊日録』に記録されている。六月一四日は「志の一条より書生の誘掖・君の非の匡正・政治の得失・天下の興亡・古今の治乱などに及び実に勇まし」(同前二二五頁)、とかなりきわどい質問も受けている。翌一五日は吉田悌蔵宅を訪問し「諸生数十人対座、深更に帰る」と記され、翌一六日も「晩は諸君子数人対談深更に及ぶ」と訪問客と対談し、一八日は「飯後『徳禮政刑』の御会。夕方『克己復禮の章』の御会」というように、連日会読等の講義や研究会を開いている。六月二〇日には吉田悌蔵宅で午後二時頃から『大学』の「三綱領」の会読をして七〇名ほどの藩士が参加したと記録されている。小楠の講義に参加した時の感想を由利公正は次のように回顧している。

十九歳の時肥後の藩士横井小楠初めて越前に来遊し大学の三綱領を講演し、堯舜孔子の道を以て国家を経綸するの学と為し、道徳は経国安民の本として知識に依りて増進す、故に格物致知を先とし己を修め、人を治る内外二途の別なしと説く。

（同前二一六頁）

これを見ると、国家を修める学問としての「堯舜孔子の道」と「経国安民の本」としての道徳、「己を修め、人を治る内外二途の別なし」という、小楠の思想の基本的な枠組みが表現されている。

金沢へ

六月二一日に小楠は越前を発って金沢に向かった。金沢ではかつて肥後を訪問して小楠と意見を交わしたことがある上田貞幹《ていかん》と再会した。貞幹《ていかん》は「学問の要は理を知るにあるのみ、一たび理を知らば書に待つ所なし。書なるものは畢竟古人の糟粕たるに過ぎず」（同前二一八頁）と主張し「学問の道は極めて簡易なり、之を日常行為の間に徴し、之を時勢の当否に考へ切磋琢磨して心眼を開くに勉めば期年にして能く有為の財たるを得ん」（同前）と唱えて、加賀藩の儒者からは異端視されていた。貞幹の学問観は後の小楠の実学思想を彷彿とさせる。金沢では専ら貞幹との交流が中心となった。「東遊日録」によれば、金沢滞在の最終日の前日、小楠は貞幹宅から宿に帰り「日用事実について致知読書の意味・家庭中克ち難い処を克つの意味・千羽之説・書を読て何理を会するやの御咄ある」（同前二二〇頁）と門弟が書き留めている。貞幹の「日用事実」に役立つ学問、すなわち書物の知識を暗誦するのではなく、現実の問題を考える手がかりとする方法は小楠にとって大きな驚きでもあった。

七月四日に小楠は再び越前に戻ったが、旅の疲れからか床に臥す日が続いた。福井藩で西洋医術を開業している医師笠原白翁の診察も受けて恢復した小楠は、ほぼ毎日、吉田悌蔵をはじめ、福井藩の儒者や熱心な藩士に講義を続けた。熊本藩では異端として退けられた小楠ではあったが、福井藩では藩を挙げて小楠を歓待した。小楠自身もこれ以降福井藩の藩政にも深くかかわってゆくことになった。

4 諸国遊歴の帰路

伏見から乗船し山口へ

福井藩の多くの人々に惜しまれながら、七月二一日、小楠一行は越前を発った。敦賀を経て近江の国で藤樹書院を見学し、伏見から乗船して淀川を下り、大坂を経由し、八月二日、山口に到着した。

萩に入ると肥後の宮部鼎蔵の紹介で吉田松陰（吉田大次郎）に会おうと手紙を出したが、松陰は江戸遊学中で実現しなかった。小楠が松陰の実家の杉家を訪問したことは、松陰の兄である梅太郎が松陰に宛てた手紙から知ることができる。長州藩の儒者山県太華に面会を求めたが、病気のためにこれも会うことはできず、明倫館を見学するにとどまった。八月九日に小楠は村田清風と会見している。『伝記篇』には小楠が村田の人物評を福井藩の吉田悌蔵に次のように書き送っていることが紹介されている。

村田には、ゆるゆると話し申し候。前廉中風にて家内の行歩も漸く仕る位にて誠に六十九歳の老翁に候得共、中々の人傑にて其精神も気魄も旺んなる人を圧し候処は驚き入り申候。只惜むべきは学術純正ならず遂には一個の私見に陥り申し候。

（『伝記篇』二三五頁）

村田清風は長州藩の天保改革を行った実務方の藩士である。慢性の赤字財政に陥っていた藩財政を、藩の主導による財政整理を強行することによって切り抜け、産物の専売制を推進する一方で海防政策にも取り組んだ。小楠が「惜むべきは学術純正ならず遂には一個の私見に陥り申し候」と判断した根拠は定かではないが、藩の財政を立て直すための専売制度などに反対した小楠の藩政改革構想とは真逆の方向であったことなどを考えると、「学術純正ならず」という小楠の印象は村田の改革が良民の犠牲の下で断行され、明確な理念を欠如していたことを意味したのかもしれない。

熊本領に到着

八月一〇日に村田に別れを告げて、長門から筑前を経て一六日に久留米に入った。

久留米ではかつて「通例の一老儒にて何も之なき人物」と評した本庄一郎のほかに、後に久留米藩の尊王攘夷派の中心的人物となる真木和泉を訪問し、真木邸で一泊するほど議論を交わしている。久留米から柳河に入ると竹崎律次郎が出迎えに来て、八月二一日に矢島源助らが出迎える中熊本領に帰着した。

後に西郷隆盛は小楠の諸国遊歴は「天下の政一途に出候様これなく候ては只一個々々の政事にては

相済まずと心付、彼に長じ候処も之れ有、是に得たる処も之れ有るべく候に付き是非得失を考え合」（同前二三六頁）せる事を目的としていたと弟子の坂元純熙に書き送っている。小楠の諸国遊歴が統一国家を目指したものであったというのは信じ難いが、小楠に熊本藩から全国への視座を提供したことは確かである。

第六章　福井藩の学校創設と小楠

1　人材教育の陥穽

小楠学派の伝播

時習館改革から実学研究会を経て、惣庄屋層や他藩士を対象にした小楠堂での教育活動は諸国遊歴を通してさらに大きな展開を見せるようになる。福井藩では連日講義を行い、藩内に小楠学派を定着させることになった。もともと福井藩士の三寺三作が藩主の松平慶永（春嶽）に、大儒を招いて学校を起こすという政教刷新に関する建言を提出したところ、春嶽からしかるべき学者を探す命を受けた。三寺三作が肥後に来たのは京都の梅田雲浜から、長岡監物の家臣の笠隼太宛の紹介状によるものであったが、笠は三寺を監物ではなく小楠に引き合わせた。（松浦玲『増補版　横井小楠』五九頁）三寺は前述したように小楠堂に逗留し、すっかり小楠に心酔して、越前にその報告をしたことから小楠と越前の関係は始まった。特に、小楠が諸国遊歴で越前を訪問してから、より密接な関係が成立した。

松平春嶽肖像写真

武士の新しい教育

嘉永五年（一八五二）三月に福井藩から学校創設に関する意見を求められた小楠は『学校問答書』を書きあげて提出している。江戸時代には各藩は藩校を創設しおおよそ二六〇校近い学校が創設されている。その創設時期を見ると、天明期以降急速に増えており、文化から天保期にかけてピークを迎える。この頃より藩財政の行き詰まりに対する藩政改革が重大な政治課題となり、武士の教養としての教育から大きく前進して藩財政の立て直しや外圧に対する軍事技術などの現実的な課題を担う人材養成が推進されるようになった。

『学校問答書』は文字通り、問答形式をとっている。いつ誰がどのようにして質問したかは定かではない。江戸時代には叙述の一形態としての問答形式が広く流布している。福井藩からの質問等に小楠が応える形で記述している。

福井藩からの問いかけは「政事の根本は人材を生育し、風俗を敦するに之れ有り候へば、学校を興し候は第一の政にて候哉」（「学校問答書」『遺稿篇』以下一～七頁）という、学校と政治のかかわりから始まっている。小楠は、有名無実となっている諸藩の藩校の現状を挙げて、重要なことは学校を創設する事ではなく、そこで何を学ぶのか、学問の質が重要であると次のように答えている。「章句文学をもてはやし候迄の学校にて、是亦一向人才の出候勢い之れ無く候」と、先人が書き記した文章や文芸に重きを置いている藩校の現状を指摘して、学校を設立しても、無用の俗学から人才は生まれないと批判している。

小楠の指摘を受けて、無用の俗学とは政治と学問が分離した結果にほかならないので「学政一致の道に心を置き給ひて、学校を興し人才を生育し、風俗を敦せん」と心がければ、真の学校を設立できるのではないだろうかと質問は続く。小楠は、学政一致の考えに対して一応は賛成するのであるが、同時に学政一致が陥りやすい弊害についても警鐘を鳴らす。小楠によれば「人才を生育し、政事の有用に用ひん」という考えで学校を興すと、学問を志す学生は政治が求める「有用の人才」になろうとして、互いに競争心を駆り立てて、その結果「着実為己の本」という小楠が学問をする上で、最も重要と考えた人間としての自己修養を忘れ、学校や学問は出世欲の手段となって、競争相手を罵る「喧嘩場所」ともなりかねないと指摘した。これは時習館や他の藩校で小楠が実際に体験したり見聞してきたことであった。確かに、学校は社会の要求を無視して存在することはできない。しかし、学問と教育の本来の目的を認識しないで、社会の要求を全面的に受け入れるならば、小楠に言わせればそれは「人才の利政」というものに陥り、人間を単なる手段と考え、人間そのものを疎外する結果になることは必然というのである。

古い学問の固定観念

政治を司る者がこうした誤った学政一致に陥る原因として、小楠は人間の才能と学問に関する誤った固定観念を指摘している。小楠によれば、これまで学問に専念する者（学者）は社会に対して無関心で「独り書を読みて学ぶ者」とされた。また教育者とは「経を講じ、史を談じ、文詩に達する人」を指し、「人情に達し世務に通じたる人」を経済有用の人物と見なしてきた。さらに、「物書き算用に才ある人」を役人と考えてきたために、「是学者は経済の用に達せず、経済者は修身の本を失ひ、本末体用相兼ること能わず候」という結果を招くようになった。小楠は、学問や教育の偏った個別化と学問相互の関連性の希薄化に学問と政治の一致を妨げている原因を見た。

2　学政一致の思想

小楠が追及した学問の最終形

小楠が主張した「学政一致論」は小楠の追求した実学思想の最終的な形でもあった。小楠は学政一致について次のように説明している。「政事と云へば直ちに己を修むるに帰し、己を修むれば即ち政事に推し及ぼす」というような学びの態度こそが、真の学政一致を生み出す前提になると小楠は主張する。『大学』に「物格りて后知至り、知至りて后意誠に、意誠にして后心正しく、心正しくして后身修り、身修りて后家斉ひ、家斉ひて后国治り、国治りて后天下平なり。天子より庶民人に至るまで、壹に是皆修身を以て本となす。その本乱れて末治まる者はあらず」（『四書集注』（上）〔朱子学体系第七巻〕三五三頁）とあるが、小楠も個人の道徳的な修養が一切の政治的・社会的行為の前提となると考えていた。伝統的な朱子学とは異なり、荻生徂徠が提唱した所謂徂徠学では、「修身」は私的な世界で「治国」の公的な世界とは切り離して考えられた。そして公的世界に関係する「政治学」として学問の利用、すなわち学政一致の思想が導き出される。小楠の学政一致の思想は、小楠が高く評価した江戸初期の岡山藩の儒者熊沢蕃山の影響が大きい。蕃山は学校の意義を次のように論じている。

或問。学校は文学の所なり。政といへるは何ぞや。
云。学校は人道を教る所也。治国・平天下は、心を正しくするを本とす。是政の第一なり。其上大君、諸侯を親しみ給ひ、父子のごとく兄弟のごとく心服するは、学校あるによってなり。
（「大学或問」『熊沢蕃山』〔日本思想体系三〇〕四五二頁）

つまり、心を正しくする「修身」が政治の原点にあると蕃山は説く。小楠はあくまでも朱子学に即して学問と政治の関係を考えようとしている。学問と政治の分離を克服するのが小楠の「理一」についての解釈であった。この問題については次節で詳しく取り上げることにするが、小楠は「天地の間、唯是一理にて候へば、其帰宿は心の一にて候」というように、陽明学に近い「心即理説」の説明を通して、学問と政治の一致を「心」を主として万事に対処する人間の主体的な営為に帰結させた。学問や政治にかかわる個人は、人間としての「良心」にもとづいて行動したり思考することが重要であると主張した。また個人の「心」を強調するあまりに、その結果として陥りやすい固守偏見に対して、小楠は「思ふに是を古人に照らさざれば一己の私智になることも御座候」と述べて、学問や政治が独断的にならないように検証する必要性について言及し、個人の無責任な主張を戒めている。

君主の責任

小楠は学問と政治の一致を妨げている大きな要因として名君と呼ばれている君主の責任に言及している。まず君主が率先して己を修め、人を治めることが一致する学問を実践する事が大切と論じる。さらに、「君よりは臣を戒め、臣よりは君を儆《いまし》め、君臣互いに其非心を正し、夫より万事の政に推し及」ぶ「君臣儆戒《くんしんけいかい》の道」、すなわち君臣が相互に戒め合う関係を成立させておくことが重要であると小楠は主張する。これは政治に関わる武士階層だけに限らず、講学を通して、父子兄弟夫婦という上下関係の間で相互に善を勧め過ちを救う風潮が行き渡たる事が学政一致の条件であると論じる。こうした前提条件となるものを無視して学校を興して人材を育成しようとしても、「其本無して政事の末を以て国天下を治んとする覇術功利の政」というものであり、この心を以て学校を興しても弊害が生じるだけであると小楠は警告する。「然ば学校は起さざれ共宜しき事に候哉」という問いかけに対して、小楠は次のように学校の機能について説明している。

学校は政事の根本にて候へば元より興さざれば叶わず事に候。国天下に学校之なきときは彝倫綱《いりんこう》常《じょう》何を以て立ち申すべき哉、人才志気何を以養ひ申すべき哉、風教治化何を以て行れ申すべき哉、人々各見る所を是とし候へば君子小人の争のみならず、君子の人にして互に相容れず朋党を立流派を分かち、終は国天下の大患と相成り候ためし和漢古今歴々として少なからず候。況哉後世は種々の異端邪説之れ有り、天質の高き人といへ共其教習に惑わされ身心をあやまり人道を害ひ候もの少なからず候、是皆天理自然学術一定の学校之れ無き故に候。

（「学校問答書」『遺稿篇』五頁）

学校は政治の重要な機能で不可欠なものではあるが、君臣関係や上下の身分を超えた相互批判などの条件を欠き、「己を修め、人を治める」という学問の原理を無視した時には、学校は寧ろ負の結果を生じるというのである。福井藩にはそうした学校を支える前提となるものが成立していないと小楠は判断したのであろう。

3　学校の役割

学校は政策の基本方針を議論する場

学校の機能を、人として生きる道を明らかにし、「己を修め人を治める」ことを目的とする以上、そこで学ぶ者は身分の軽重や年齢を問わず、職務繁多な藩の重役から日頃学問に馴染まない武人にも、学べないとの言い訳をさせず、君主から藩士の子弟まで学校に出席して学ばなければならないと、小楠は主張する。また、学校はお互いに戒め合い、「人情政事の得失」を討論し、または「異端邪説詞章記誦の非」を明らかにして書物を読んでは意見を交わし、人としての徳義を養い、知識を修得する事が出来る場であると小楠は論じている。

小楠によれば、学校と藩政を執り行う部局との関係は「学校は朝廷の出会所」、つまり学校で議論したことが、藩の政策決定と連結する事が「学政一致なる所以」に他ならなかった。つまり、学校は政治の手段ではなく、藩政の政策を決定する基本方針を議論する場でもあった。しかもその政策には藩校で学ぶすべての人々の声が反映されることになる。藩校時習館から排除されて、惣庄屋を中心に営んだ私塾小楠堂での教育体験がこの『学校問答書』の底流にあったことは言うまでもない。

教育者の役割

次に小楠が学校設立に関して重要と考えたのが教員の選定である。学校の「風習」を左右するのは教員であり、その選定には注意を要すと述べて、次の二人のタイプを挙げて説明している。

此に二りの人之れ有り候。一人は知識明らかに心術正しく候へ共、経学文詩の芸に達し申さず候。一人は篤実謹行に候へ共知識明ならず、然し乍ら経学文詩の芸は格別に之れ有り候。

（同前六頁）

一般の考えによれば、「経学文詩の芸」が劣る前者は側用人や奉行などの役人に適した人材と考え、後者の「経学文詩の芸」が優れたものを「能き教授先生」とするが、これは「体ありて用なきを儒者と心得」る世人の間違いであると小楠は断言する。ここで小楠が言っている「知識」とは、物事の道理に通じていることを意味し、今日私たちが用いる「知識」とは異なる。つまり、あまり書物には精通していないが、物事の道理に通じていて「心術」が正しい人間こそが、教員として相応しい人材であると主張した。一藩の教授先生と尊敬される人は「知識明に心術正しく之れ無き候て、何を以て人の神智を開き人の徳義を磨き風俗の正しきを得せしめ申す可き哉」と主張する。小楠によれば文芸の知識はさほど重要ではなく、「知識明に心術正し」というのが教員の基本的な資質で、是は側用人や奉行にも求められる資質であった。したがって、側用人・奉行・教授の三職を一人が兼任すれば、学政一致が実現されると主張した。

学校の環境

学校の施設に関しては熊本の時習館は充実してはいたが、関西では長州の明倫館が最も優れていると指摘している。しかし、このほかの列藩の学校制度も斟酌することを勧めている。学校を設置する場所の選定に関しては「朝廷に引続き設ざれば便利ならず」と書き記して、横に点を加えている。学校が政治をする場（朝廷）に近ければ良しとしたのは、藩主をはじめ藩政の中枢を担っている人々が日々学校に出席して講学出来るようにとの配慮からである。かつて、長岡監物を中心に、時習館改革を通して藩政の改革を構想した小楠にとって、これも重要な意味を持っていた。

『学校問答書』の末尾に、小楠は次のような付記を加えている。

右問答の本意帰宿は人君の一心に関係いたし、君となり師となり玉ふの御身にて之れ無き候ては、如何に制度の宜しきを得候共後世の学校に相成其益御座なく候。

（同前七頁）

学校の創設には、何のために学校を設立するのか、何のための学問かという藩主の自覚が重要と考える小楠は、『学校問答書』を福井藩に差し出した直後に、「尊藩学校御建方は是非共御止方に相成、後日其時宜参り候上に御興し成され度、呉々も祈り奉り候」（「吉田悌蔵宛」嘉永五年三月二五日、『遺稿集』一六八頁）と書き送くり、学校の創設には時期尚早と反対の意見を述べた。学校が藩論の統一を妨げ、藩内の対立を醸成することを熊本の時習館で身をもって体験した小楠は、学校設立の前提となるいくつかの条件が整わない限り、学校開設には否定的な意見を表明した。

4 「文武一途之説」

文武一途之説とは

福井藩からの学校設立に関する諮問を受けた小楠は、これまで見てきたように、自説の学政一致論を展開したが、学校の創設については前述のとおり反対の意見を述べている。翌年、小楠は福井藩の要人に「文武一途之説」を送っている。これに関して、吉田《よしだ》悌蔵《ていぞう》は小楠に宛てた手紙で「弊藩当節光景御推察、縷々御配意の御気付千萬忝存じ奉り候。且村田巳三郎方へ文武一途之説御廻下され再四拝読、区々思慮仕候処、貴丈御遠慮推深御案下され候事と存じ奉り候間何事も打明申上」（『伝記篇』二六六頁）と書き送っている。

「文武一途之説」では、「文」の備え有る者は必ず「武」の備え有るというのは古の聖賢は「大英雄」であり、かつ「大豪傑」であった証拠であるという説明から始まり、中国古典から具体的な例を示して説明している。そして「武は唯乱を鎮の道と思ふは甚だ愚かなる事ならずや。しかはあれ共武の一途を以て人の道と心得、治に乱にも是を以て国を治めんと欲するは其弊更に甚しく、云ふ可からざるの禍を生ずる事必定なり」（「文武一途之説」『遺稿篇』八〜一〇頁）というように、学問を軽視して、武によって国を治めることができるという誤った考えをもち、大きな禍を生み出すことがあると記している。「洋夷《ようい》」が現れ、新たな危機が迫ろうとしている時に、「学者たる者文武一途の道に志さず、熟々時勢の有様をながめやりて是を救ふの見識力量なし。是に於いて世を憂るの人傑出る時は一切学者を以て迂闊無用と押片付け、専ら武の一途を以て国を興さんと欲する」（同前）ような状況が出現すると小楠は予想する。

ペリー来航の影響

「文武一途之説」を書いた五カ月後に四隻の黒船を率いてペリー提督が浦賀に来航して開国を迫った。一八四〇年のアヘン戦争以来、西欧諸国の来航は年を経るごとに現実味を帯び、弘化元年（一八四四）にオランダ国王が日本の開国を勧告し、それ以降アメリカやフランスやイギリス船が相次いで日本に来航するようになった。ペリー来航のちょうど一か月前の、嘉永六年（一八五三）の五月三日に小楠は福井藩の岡田準介に次のような手紙を出している。

近来は西洋の変動其沙汰紛々と之れ有り、定て夏中には浦賀へ参り申す可く候。去れば彌益天下の勢武でなければならぬと、志気を興すと一偏の所に参り申す可く候。成程士気を興し武備厳重にならねば決して相成り申さず候得共、此一偏に根本定め候へば、甚以恐敷事に御座候。先便村田君列に文武一途之説と申候一通指上申候。或は御一覧なされ候半。唯事を起し候は大成る相違にて御座候。

（「岡田準介宛」嘉永六年五月三日、『遺稿篇』一九一頁）

小楠が福井藩の重職についている人たちに「文武一途」を説く必要があったのは、このように、黒船の出現によって、日本を守る軍備一偏に陥ってしまうことを恐れたことによる。さらに、これに加えて福井藩では学問と政治が離反していて、藩論が定まっていなかったことも大きな要因であったと思われる。『学校問答書』を提出した後で、福井藩では学校を創設するには時期尚早と小楠が判断したのも、こうした要因によるものと考えられる。

福井藩では後に小楠を支持する派と、反対派との対立が生じた。また、学問を志す者には「朱子を学ぶものの武事に疎く治乱常変に通ぜざるは腐儒なれ俗士なれ迂儒無用の学者にて、今の徳操たらん人の笑ひを取るは此学の大なる恥ならずや」（「文武一途之説」『遺稿篇』一〇頁）と述べ、学問は道徳修養だけではなく、平和な時代であっても乱世であっても時代の変化に通じる必要があると小楠は説いている。

第七章　黒船の衝撃と開国論

1　ペリーの来航

黒船の出現を予知

嘉永五年（一八五二）オランダ国王はアメリカが開国を要求して来航するという情報を幕府に伝えていた。小楠は岡田準介に宛てた嘉永六年五月三日の手紙で「定て夏中には浦賀へ参り申す可く候」というように、黒船の出現を予知していた。小楠がどうしてペリーの来航を知っていたかは定かではない。

この手紙を書いたちょうど一カ月後の六月三日に、アメリカ合衆国大統領の親書をもってペリーが蒸気船四隻を率いて浦賀に現れた。幕府は六月七日に熊本藩を含む七藩に江戸の沿岸警備を命じた。ペリーは幕府に一年後の返答猶予を与えて六月一二日に浦賀を去った。

幕府は翌七月にペリーが持参した合衆国大統領の開国を求める国書を全国の諸大名に公開し対応策

も含めて、たとえ忌憚に触れようが考えていることを残らず開陳するようにとの通達を出した。熊本藩主の細川齊護はこれを受けて、国元の長岡監物や熊本藩の重臣らに返答の案文を作成させ、それらの意見をふまえて次のような内容を幕府に返答した。

国書に対しては「懇切之情も申立専ら和好を結び博く人民を愛するの詞」(『遺稿篇』二七一頁)が書かれているが「夷情《いじょう》」もよく分からない上に、日本には鎖国の「御大法」があるので、どのような事情があっても開国はしない方がいいと判断を下している。開国を求める上書には「無礼驕慢の意」もあるが、それは「蛮夷の鄙意」と捨て置き、その内に防御の備えを厳重にすればいいと主張した。それでも武力で狼藉する時は「皇国の武威」を示して「無二念打ち払い」を命令されれば、「順逆曲直の理」は名実ともに正しいので、これに敵する事は出来ないのではないかという希望的観測を述べている。もし戦争になれば、アメリカは戦争に慣れているので、数百年戦をしていない日本にとって厳しいものになるとも記している。そして今後の対策として「富国強兵の儀御専一に存じ奉り候」と結んでいる。結局、諸侯から具体的な対案も出ないままに、幕府の無策を露呈するに終わった。

幕府の対応への批判

これに対して、小楠はペリーが去った一カ月後に吉田悌蔵に次のような手紙を出している。アメリカの来航はすでに前年オランダを通して予告していたことであり、幕府に覚悟が出来ていて、その手当てをしていたならば、このように「寝耳に水」のような事態には至らなかったと幕府の対応を批判している。こうした幕府の無策は「必竟例の因循《いんじゅう》家《か》何事も無事々々の御沙汰故此の如きの大驚動、実に慨嘆に耐え申さず」(「吉田悌蔵宛」嘉永六年七月一三日

『遺稿篇』一九八頁）と幕府政治そのものがもたらした結果であると指摘した。小楠は「兵禍に相成り候は必定」と危機感を募らせている。この難局を救うのは思い切った人材登用をして幕政を一新する事だと述べている。そうではなく、「海防家之説行はれ、軍艦の大砲のと防御之用意迄に至り候へば実に寒心に耐へ申さず」（同前）というように、戦争の準備だけをするようになれば、日本の「覆亡は現然と存じ奉り候」と、軍備だけに頼る愚に警鐘を鳴らしている。小楠は、そうした危機に対応できる政治体制の創出が先決問題で、その改革を担えるのは水戸斉昭《みとなりあき》をおいては他にいないと主張した。

幕府の諮問に対する細川齊護《ほそかわなりもり》の答申について、長岡監物をはじめ実学党の人々にとっては満足のゆくものではなかった。特に監物は藩主齊護に上書して、ペリーの浦賀における無礼を咎め、交易の許諾は先方の謝罪があってからの議論であるとして、軽々に交易を認めるべきではなく、「水府の論」つまり水戸学が正義であるので、水戸斉昭の意見に従う方がいいとも進言している。（『伝記篇』二七八頁）小楠も水戸藩の藤田東湖に、外国船の来航は一〇年前からその兆候はあったが、幕府では「無事太平」に慣れて無策できたので、今回のペリーの来航に狼狽するしかない有様で「真に痛哭《つうこく》の至り言語に絶たる事」になってしまったと述べ、今更どうしようもないが、水戸斉昭の活躍に期待して、次のように記している。

天命人心尊藩に属し、老公様御後見真に以て天下中興の大機会到来仕り、何の喜び之に過ぎん。此時に於て列藩総て老公様の尊意を奉じ二百年太平因循《いんじゅう》の弊政を一時に挽回し、鼓動作新大に士気を振興し、江戸を必死の戦場と定め夷賊を韲粉《さいふん》に致し我が神州之正気を天地の間に明に示さずんばあるべからず。

（「藤田東湖宛」嘉永六年八月一五日、『遺稿篇』二〇四頁）

水戸藩の御老公（斉昭）が将軍後見役に就任すれば大きく政局が変わるという小楠の楽観論が展開されているが、実際斉昭には幕府政治を左右する権限は与えられなかった。

2　吉田松陰との出会い

松陰との議論

ペリーが去った翌月の七月一八日にプチャーチン率いるロシアの軍艦が開国と国境策定に関する国書を携えて長崎に入港した。プチャーチンのロシア船に乗り込んで密航しようと計画していた吉田松陰も一〇月一九日に熊本を訪れ、宮部鼎蔵と同行して小楠と会談している。宮部は熊本藩の勤王党の中心的な人物で、松陰とはかなり親密な交友関係にあった。松陰はかねてより宮部から小楠については聞き及んでいて、小楠も諸国遊歴の途中に宮部の紹介状をもって松陰の実家を訪問したことがあった。その時には、松陰は江戸に遊学中で会うことはできなかったが、松陰の兄杉梅太郎からの手紙で小楠の訪問を知った。

小楠は松陰が二五日に肥後を発つまで三日間会って話し込んでいる。松陰が長崎に到着したのはプチャーチン一行が一〇月二三日に長崎を出港した後であった。松陰は再び肥後に立ち寄ったが小楠も川路聖謨《かわじとしあきら》と会うために長崎に向かった後で入れ違いになった。松陰は礼状を兼ねて小楠に次のような手紙をしたためた。

先般は尊藩罷り出で諸君へ容易ならざる御厄害罷り成り、恭謝此の事に御座候。出足の砌《みぎ》りには図らずも御行違に相成り面別を缺候段、遺憾の至りに存じ奉り候。併し、宮部君へ委《くわ》しく御伝語成し下され夫々承知仕り候。藤田に与ふる詩及び学校問答書かに入手、且つ誦し且つ読み感服仕り、追々藩人へも示し、問答書は世子へも献じ候様申し談じ置き候事に御座候。

（「横井平四郎宛」嘉永六年一一月二六日、『吉田松陰全集』第七巻二〇四頁）

松陰は小楠から藤田東湖に与えた詩と「学校問答書」を受け取ったと記している。「学校問答書」には感服し毛利家の跡継ぎの養子元徳にも献上すると答えている。小楠と松陰はアメリカやロシアの来航に対する日本の対応策について議論をしたのであろうか、松陰は藩主毛利敬親について「弊藩の事は君公も決して正議に與せざる人に非ず」と述べ、萩藩の志ある人々も「恨むべきは天下の事体に暗く只一国の見を離れざる人々に付き、何卒先生の一言を得候はば必ず奮発仕るべくと相考え候」（同前二〇六頁）というように、自藩のみの考えに拘り全国的な見地に立つことができないので、小楠の「一言」が必要と伝えている。

松陰からの信頼

後に野山獄に繋がれた松陰は兄に「経学へ基かぬ学文にては捌け申さずとの御事、寅も左様思はぬにても御座なく候」と書き送っている。ここで言う経学とは四書五経を中心とした朱子学を意味している。「肥後に到りし時横井平四郎が党某、頻りに寅に経学を進む。又平四郎が学風も大略承り置けり。朱子学をすると言ふ日には、今の明倫館あたりの風では少し憾《うら》みあり。夫れで寅も一つ遣て見ようかと思はぬにてもなし。然れども史を観るの益あるに若かずと思ふ心遂に止まず（「兄杉梅太郎宛」安政二年正月某日、『吉田松陰全集』第七巻三五〇頁）というように、熊本に滞在中に小楠の弟子筋から「己を修める」朱子学を勧められ、小楠の学風も理解して、経学を学ぼうとする意思はあったのだが、自分の才力から様々な学問をすることが出来ずに歴史に学ぶ事を選択したと述べている。

安政五年（一八五八）に横井や宮部など五名に宛てて、松陰の同志である中谷正亮が訪問する旨の紹介状（「横井・宮部・丸山等宛」安政五年三月二四日、『吉田松陰全集』第七巻四六頁）を送っている。松陰は「弊藩は相替らず因循恥づべきの至に御座候」というように、藩の方針が決まらず、中谷からも「横井・宮部二先生間弊藩迄御出懸け下され候様に御願い申上げ度く存ぜられ候」と、小楠と宮部の来訪を依頼するはずと記している。とりわけ小楠に対しては「愚案に横井先生御出で下され候はば、弊藩大臣少々振興の策を運らし度く、左候て上国如何にも御無人気遣敷く、是れ又御定策相伺ひ度く存ぜられ候事に御座候」と、松陰は全幅の信頼を置いている。しかし、小楠は三月に松平春嶽の招聘を受けて、既に越前に向けて出発していた。

3 『夷虜應接大意』を著す

楽観的なロシア観

プチャーチンの長崎来航をっきっかけとして、小楠は外国に対する関心を一層深め、国内問題との関連で世界を見る視点を構築していった。しかし、当初の小楠のロシア観は非常に楽観的なものであった。小楠によれば、ロシアは世界第一の大国で、イギリスやアメリカは元来ロシアの属国であった。しかし、両国は近年独立して強大になりロシアの命令を受けなくなったというのである。アメリカやイギリスが強大になることに対してロシアは好ましく思っていないので、今回のロシアの来航は日本とアメリカとの間の軋轢を調停して、その名を世界に輝かせ、「日本よりは大恩に相成りたる交易も異議なく行れ申す可きとの所存と考え申し候」(「伊藤荘左衛門宛」嘉永六年八月七日、『遺稿篇』二〇三頁)との目的で来航したと好意的に受け止めている。小楠のロシアに関する情報はきわめて怪しく正確でない事は明らかである。長岡監物が細川齊護に宛てた上書にも、ロシアが日本に加勢してアメリカに対処する申し入れをしてきても、一度ロシアの恩義を受けたら後日大害を生じる恐れがあるので鄭重に断るべきであるという内容が記されている。おそらくロシアに関する不確かな情報は小楠と共有していたことが明らかである。

プチャーチンが持参した国書は九月に江戸に届けられ、幕府は翌月の一〇月八日に勘定奉行川路聖謨と西丸留守居役筒井政憲を長崎に出向かせた。川路聖謨と小楠は旧知の間柄であったこともあり、小楠はかつての実学研究会の同志であった平野九郎右衛門を介して藩当局に長崎行きを申し出て、一一月一日前後に肥後を出発して長崎の到着した。しかし、すでにプチャーチンは一時長崎を離れ、川路聖謨も未だ長崎に到着していなかった。そこで小楠は逗留した旅館で川路聖謨に対する建言書として『夷虜應接大意』を書きあげ、長崎奉行に託したというのが通説であるが、松浦玲はロシアの要求が明確にされていないところから、小楠はもっと早い段階でこれを起草していたと主張している（松浦玲『増補版　横井小楠』）。これを起草した時期は必ずしも明確ではないが、ここで小楠の対外政策が大きく転回する。

有道の国・無道の国

小楠は、日本が万国に優れ、世界で君子の国と称せられているのは「天地の心」を体現し「仁義」を重んじているからであり、アメリカやロシアに対応するには、「天地仁義の大道を貫くの条理」に基づかなければならないと主張する。ここから導き出された日本の「国是」は「有道の国は通信を許し無道の国は拒絶する」という原則に則ったものであるべきだとし、さらに次のように記している。

有道無道を分たず一切拒絶するは天地公共の実理に暗して、信義を万国に失ふに至るもの必然の理也。然るに其有道と云るはただ我国に信義を失なはざる国のみを言ことにあらずして、自余の国に於るも又信義を守り侵犯暴悪の所行なく天地の心に背かざるの国を云ることにして、此等の国ありて我に通信交易を望むに我是を絶て拒絶するの道理あるべきや。

（「夷虜應接大意」『遺稿篇』一一頁）

世界には「天地公共の実理」があり、どの国に対しても信義を守っている有道の国を拒絶するのは「天地公共の実理」に反する事であるというのである。小楠によれば、もともと日本は鎖国を国是としていたのではなく、幕初《ばくしょ》にオランダと中国を有道の国と判断したに過ぎなかった。アメリカとロシアには、日本の国是は一切鎖国する事ではなく、有道の国とは国交を結び、無道の国は拒絶する事であると明らかに示すことが必要と主張する。とりわけ、アメリカに対しては浦賀における無礼と暴挙を責め、もしアメリカが罪を認めて日本の信義を守るならば交易を許すことが君子国としての日本の立場であることを伝えるべきであると主張した。

プチャーチンの来航に関しては「魯西亜の陳ずる所未だ知らず」と小楠はその意図を理解していない。ただ、日本がアメリカを拒絶する経緯を明らかにし、たとえロシアが日本を助けようとする意図があっても、他国の力を借りるのは「道」に反すると諭し、いまはアメリカとの折衝がどうなるかも知れないので、後年に議論するように「道理」をもって説得すべきであると述べている。

小楠は「凡天地の間は只是道理のあるあり、道理を以て諭さんには夷狄禽獣といへども服せざる事能はず」というように、「道理」に強い信頼を寄せていた。したがって、圧力に屈して和議を唱えたり、理非を分かたず拒絶して戦おうとする事、または暫く屈してその間に士気を高め兵を強くして後に戦うというのも「天地の大義」に反することであり、いずれも日本がとるべき対応策ではないと小楠は考えた。

小楠の結論

小楠の結論は「必戦の計を決して幕府列国材傑の人挙用る道第一の緊要とす」というように、戦う覚悟をしながら、幕府や諸藩において人材を登用して政治体制を刷新することであった。このように政治が改まれば士気が一新し、「驕兵忽変じて精兵」となるという。小楠によれば、戦の勝敗は単に「砲熕機械」によるものだけではなく、「正義の天地に貫くと貫かざると人心の振と振わざる」とにあった。

黒船の来航を機に、幕府や諸藩の政治刷新が小楠にとって大きな課題として浮上してきた。何よりも「天地公共の実理」という儒教の原理を現実の国際世界に適応しようと試みたことが、小楠に大きな思想転回をもたらすことになった。

4　生活と思想の自立

二回の結婚

嘉永六年（一八五三）二月に、四五歳になった小楠は熊本藩士小川吉十郎の一人娘のひさと結婚した。ひさは母が選んだ許嫁《いいなずけ》で、少女時代は横井家で過ごしたことがある女性であった。

結婚の翌年の安政元年（一八五四）七月に兄時明が亡くなった。甥の長男左平太・次男太平はそれぞれ一〇歳と五歳の幼少であったため、小楠が兄の養子となって横井家の家督を継ぐことになった。

小楠はこれまで自由な身で行動してきたが、家督を相続したことにより「是迄浪人に決定いたし居り、五十に向いたる身分世事勤候儀は真以迷惑に存じ奉り候」（「吉田悌蔵宛」安政元年九月二〇日、『遺稿篇』二一五頁）と、必ずしももろ手を挙げて喜んでいたわけではなかった。一五〇石の知行地を受け継いだのではあったが、横井家の財政事情は苦しく、安政二年（一八五五）五月に熊本城下から東南二里ほど離れた沼山津に住まいを移した。沼山津への転居については「一昨秋家兄病死、甥共弱年にて止むを得ず家督相続仕り候。近年種々の病災等にて家事甚不如意に罷り成、城東二里の地沼山津と申所に転居仕り候。其後一男児を得喜び罷在候内去冬夭亡、引続十日余にして妻死去、誠無類の不幸御憐察下さる可く候」（「吉田悌蔵宛」安政三年一二月二一日、『遺稿篇』二四〇頁）というように、経済的な理由から生活費が安い農村に移ったと述べている。また、沼山津に転居して間もなく、安政二年一〇月に長男が亡くなり、翌月後を追うように妻ひさが世を去った。

　翌年四八歳の小楠は矢島源助の妹で二六歳のつせと結婚した。同じく源助の妹順子は竹崎律次郎に嫁ぎ、もう一人の妹は徳富一敬に嫁いでいる。小楠を取り巻く惣庄屋出身の門弟が親戚関

長男・左平太肖像写真

次男・太平肖像写真

係になったのである。

小楠が城下を離れて沼山津に転居したもう一つの理由に長岡監物との絶交があったと言われている。元田永孚によれば長岡監物が江戸で水戸斉昭の知遇を得て、人望が大きくなるにつれて、監物の門人たちと小楠の門人たちが「講学の間議論或は合わざる所あり」というように、意見の相違が明らかとなったと次のように述べている。

監物との絶交

先生の説くところ常に規模を立るを主とし大学の明徳を天下に明らかにせんと欲する処に於て特に其志気を奮発せしむるに在り而して矢島等尤茲に力を得て殊更に之主張す大夫の説く所は常に実着に工夫を下すを主として大学の明明徳も其目的を天下に立て々其己れに切なる処は致知誠意の実を勤めしむるに在り。

（「還暦之記」『元田永孚文書』第一巻五八頁）

小楠は『大学』の明徳を明らかにするのは民を新たにする手段であり、目的は民を新たにすることであると論じるが、監物は民を新たにするためにも明徳を明らかにすることが先決問題ととらえる。物庄屋出身の豪農層を対象として教育活動を進めてきた小楠にとって、明徳を明らかするとは、民の生活を変える具体的な改革と連結するものであった。他方、政治に責任を持つ統治者としての立場から、監物は為政者の倫理の確立、すなわち明徳を明らかにすることが民を新たにする前提と考える。

小楠はこうした意見の相違について監物の邸宅で議論したが意見の一致をみることが出来ず、ついに両者は絶交するに至ったと元田は伝えている。小楠と監物の絶交について、松浦玲は「明明徳」に関する解釈だけではなく、小楠の水戸斉昭に対する評価と攘夷論一辺倒から、「有道・無道」という観念を導入して、開国論を説くようになったことも、二人の不和を増幅したと論じている。

かつての実学党の同志であった長岡監物と絶交する少し前から、外国に対する小楠の対応が変化してくる。小楠は「惣じて和と云ひ戦と云ひ遂に是一偏之見にて時に応じ勢に従ひ其宜敷を得候道理が真道理と存じ奉り候」（「吉田悌蔵宛」安政元年九月二〇日、『遺稿篇』二一六頁）というように、開国と攘夷は状況の変化に応じて判断するのが道理だと主張するようになった。

新たな思想の自立

安政元年（一八五四）二月に再来したペリーと三月に日米和親条約（神奈川条約）を締結した以上は、もはや「大計を誤りたる」状況なので、イギリスに対しては無理なことは無理と論破し、道理にかなうことは受け入れる、道理外交で対処するしかないというのである。小楠は、儒学の原点に立ち戻って、世界には現実の力関係を超えた「天地公共の実理」があると考えた。したがって、「信義を主として応接する時は彼又人なり理に服せざる事能わず」という、人間観が成立するようになる。しかし、「此上にも無理を申立なれば、已むを得ず戦に及候に我義也彼不義也、決して万国を敵に取るの道理之無く、是我が道を四海に立る国是に決し候へば今日に至り和戦之二ツを争事とは存じ申さず」（同前）というように、もし戦争になれば、勝敗よりもどちらに正義があるかが問題であり、日本の国是はこれに拠らなければならないと論じている。

安政二年（一八五五）になると、大きな期待を寄せてきた水戸斉昭の一言で「和議」が結ばれたことを知り、小楠は大きな衝撃を受ける。そして、水戸学に対する評価も「水府の学一偏に落入り天地の正理を見申さざる処より、其流儀の大節を却て失ひ候様に罷成り恐敷事に御座候」（「立花壹岐宛」安政二年三月二〇日、『遺稿篇』二二一頁）というように、斉昭の「不見識」は水戸学の欠陥から派生したものであるという認識を明らかにしている。長岡監物との絶交は、熊本藩からの自立を意味し、また水戸学と水戸斉昭に対する絶望は、小楠に新たな思想の自立を促した。

第八章　世界平和と国際主義

1　開国の大義

西洋の情報

立花壹岐《たちばないき》に宛てた安政二年（一八五五）九月の小楠の手紙には「近比《ちかごろ》夷人の情実種々吟味に及び候処中々以前一ト通り考候とは雲泥の相違にて実に恐敷事に御座候」（「立花壹岐宛」安政二年九月一七日、『遺稿篇』二二四頁）というように、西洋に関する情報を吟味したとあるが、この情報源は清国の魏源《ぎげん》がアヘン戦争の敗北を契機に西洋理解のために編纂した『海国図志』であったといわれている。『海国図志』は欧米列強の地理や歴史、政治制度などを記載した西洋の解説書である。小楠の弟子で西洋医学を学んだ内藤泰吉は「安政二年、二八歳の時、先生は海国図説により、愈々《いよいよ》開国論を主張さる《る》々ことになった。」（内藤泰吉『北窓閑話』七頁）と証言している。それでは、小楠をして「実に恐敷事に御座候」と言わしめた西洋の情報とはどのようなものであったのだろうか。

四時軒の額（松平慶永筆）

小楠は佐賀藩士田中虎太郎に沼山津の寓居の「四時軒記」を書いてもらったお礼に「古風一篇」を贈っている。その中に次のような小楠の西洋観が表明されたものがある。

方今、洋夷海を擾して来る。各藩戍兵は東西に催す。廟議は紛紛して和と戦と。

経国安民、安ぞ在らん哉。嗚呼、民貧にして兵弱し。何を以て戦わんや。地は震え、海は飜り、天変人事明らかに日の如し。

上下恬然《てんぜん》として安宴に在り。

君聞かずや洋夷の各国治術明らかなるを。励精して能く上下の情を通じ人材を公に選び俊傑挙がる。事有らば衆に詢りて国論平かなり。薄く税斂《ぜいれん》を征《と》りて民貧からず。厚く銭糧を貯えて勁兵を養う。緑目紅毛は禽獣に幾けれど尚人心有りて盛名を得る

（「田中虎六為吾作四時軒賦七古一篇為謝」『遺稿篇』八七九頁）

前半は当時の日本の状況を危機的に描いている。これに対して、後半は西洋の統治は優れていて、上下の情が通い合えるように努め

ている、人材も公に選んで優秀な人物が政治を担当している。事が起きると衆の意見を聞いて、国論は乱れることはない。税も薄くとって民は貧しくはない。たくさん銭糧を蓄えて強い兵を養っている。目や髪の毛は動物のようだが、人の心を持ち、繁栄している。このように、日本に欠如していることを西洋は備えていると小楠は認識した。

開国の大見識　元田永孚によれば、小楠は開国を「天地宇内の道理」と考え、外国は早くからこの道理を理解していて、日本もこの道理に従えば、「天下の衰」を回復し、万国の上に出る「富国強兵」を実現できると「開国の大見識」を述べ、さらに開国の在り方について次のように主張したと記している。

先づ米国と交親するより始むべし、若し我を用いる者あらば先づ米国に至り誠信を投じて大に協議し、以て財政の運用殖産交易振興する所ある可し、殊に米国の開祖華盛頓《ワシントン》なる者は常に世界の戦争を止むるを以て志と為す、今各国戦争の惨怛実に生民の不幸之を聞くに忍びず、故に米国と協議して以て戦争の害を除く可きなり、華盛頓は堯舜以来の聖人、或いは優る所あるも知るべからず、近来の已爾士が説く所も亦理あり、天下有志の論は外国の実に達せず、皆生硬見なりと

（「還暦之記」『元田永孚文書』第一巻六八頁）

小楠は、世界の戦争を止めることを志したワシントンを、堯舜よりも優る聖人と評価し、日本の開

国の意義を、米国と協議して世界から戦争の害を除く世界平和の実現に求めた。元田は「先生此卓見安政乙卯の年に在りて天下誰が此見を具したるや」と述べているが、「安政乙卯の年」は安政二年（一八五五）にあたり、アメリカの総領事のハリスが下田に着任するのは翌安政三年の八月である。開国を「天地公共の実理」と考えたのは安政二年頃からで、これ以降、小楠は開国の目的を、世界から戦争をなくす事として、世界に道義国家としての日本を表明しようと、積極的に開国論を展開するようになった。しかし、「長岡大夫下津先生も先生の卓見に同意を表すること能はず」と元田が回顧しているように、小楠はかつての実学研究会の人々にも理解されない孤立した状況に立たされた。

2　西洋文明の精神を発見

キリスト教への評価

ロシアの使節団への対応策を論じた『夷虜応接大意』では、世界には「天地公共の実理」があり、有道の国は交流し無道の国は拒絶するというのが道理であると条件付きで開国を認めるようになったことは既にみてきたとおりである。さらに『海国図志』を通して、アメリカやロシアの政治制度や統治の特質を理解するにしたがい、日本の問題が鮮明にうきぼりにされた。安政三年（一八五六）に福井藩の村田巳三郎に宛てた手紙には、小楠の驚きが活き活きと描かれている。まず、西洋文明を支えるキリスト教について次のように言及している。

彼の天主教なるもの本より巨細は知れ申さず候へ共我天文の頃渡候切支丹とは雲泥の相違にて、其宗意たる天意に本き彝倫を主とし扨教法を戒律といたし候。上は国主より下庶人に至る迄真実に其戒律を持守いたし、政教一途に行候教法と相聞申候

（「村田巳三郎宛」安政三年一二月二一日、『遺稿篇』二四二頁）

西洋諸国ではキリスト教が国家の支柱となっていて、政治と倫理が一体となって実践されているというのである。これに対して、我が国では儒・仏・神道の三つの教えがあるが、儒教は「学者の弄びもの」となっていて、神道（『遺稿篇』では□□と伏字になっている）は「全く荒唐無経（稽）些の条理之れ無く」という有様で、仏教は「愚夫愚婦を欺のみ」で、「貴賤上下に通じ信心の大道聊以之れ無く、一国を挙全無宗旨の国体にて候へば何を以て人心を一致せしめ治教を施し申す可き哉」という現状であると、危機意識を募らせる。

日本の政治の相対化

小楠はロシアの「ピョートル大帝」の事例を挙げて、西洋の優れた統治を説明している。国王は一年の三分の二はわずかな供を連れて国内を巡回して「民間の利害政事の得失」の理解に努めており、学校の制度は一村の男女の童から俊秀を上級学校に上げ、最終的にはペテロスブルクの「都城の大学校」に入学させ、学生数は一万人にも上っていると記している。何か政治課題が起きると学校で議論し、衆論が一致しなければ国王や政官が勝手に実行する事が出来ないとも言っている。また、年貢は十分の一で、その他は徴収しないので、民間は大変豊かで

ある。政治が教法に基づいて実践されているので「上下人心趣向一致致し邦内を挙げて異論之れ無し」というように、かつて福井藩の諮問に応じて答えた『学校問答書』で主張した学政一致が実現されていると紹介している。「沼山閑居雑詩十首」には、小楠が西洋の事情に触発された驚きを詩に表現しているものが見られる。

人君何をか天職とせん。天に代りて百姓《ひゃくせい》を治む。天徳の人に非ざるよりは。何を以て天命に愜わん。堯の舜を選ぶ所以は。是真に大聖と為す。迂儒此の理に暗く。之を以て聖人の病とす。嗟乎血統論。是れ豈に天理に順わんや。

（「沼山閑居雑詩十首」『遺稿篇』八八〇頁）

君主の天職は天に代わって百姓（全ての民）を安心させる政治をすることにある。高い徳を持った人でなければ、どうして天の命を実現する事が出来ようか。堯がわが子に位を譲らず舜を選んだのは舜が高い徳を持っていたからである。生半可な儒者はこれを聖人の誤った判断としてしまう。小楠が強調したのは為政者の在り方である。血統で将軍職に就いたり、藩主となったりする封建政治の批判から、明治維新後は万世一系の天皇制を批判する言説と解釈され、小楠暗殺の要因の一つともなった。「沼山閑居雑詩」の中には、村田巳三郎に宛てた同様の内容が表現された次の

西洋に対応できるのは「唐虞三代の道」

ような詩も残されている。

西洋に正教有り。洋人自ら正教と称す。其の教え上帝に本づく。戒律以て人を導く。善を勧め悪戻を懲らしむ。上下之を信奉す。教えに因りて法制を立つ。治教は相い離れず。是れ以て人は奮励す。我に三教有と雖も人心は繋がる所無し。□仏良く荒唐す。儒亦文芸に落つ。政道と教法とは瞶瞶としてその弊を見る。洋夷は交も港に進む。必ず貨利を以て曳く。人心は異教に溺る。禁じ難きは是其勢。嗟乎唐虞の道。明白なること朝霽の如し。之を捨てて用いることを知らず。甘んじて西洋の隷と為。世に豈魯連無からんや。去りて東海を踏みて斃れん。

西洋には正教（キリスト教）があり、これに基づいて戒律があり善悪が明白である。すべての人々がキリスト教を信奉していて、この教えに従って法律や制度が成り立っていて、治教合一が実現されている。だから人々は奮励している。日本には三教があるが□（神）仏はでたらめで、儒教も文芸に偏っている。政治も道徳も道が明らかではなく、弊害だけが見える。西洋は次から次へと日本の港に入り貨利をもって心をひく。日本の人心は異教に溺れてしまい、その勢いは禁止する事は出来ない。唐虞三代の治道が明らかな事は朝晴の如くである。これを用いないで西洋に従属してしまう。世の中に斉の魯仲連のような立派な士がいないのであろうか。私は引き下がって東海に身を投じたいぐらいである。

小楠は日本より優れた西洋に対応できるのは「唐虞三代の道」しかないという確信を強めてゆく。

「虞三代の道」は「三代の治道」とも呼ばれ、それは小楠にとって西洋文明を照らす鏡のようなもので、西洋の特質を読み込んで「三代の治道」を実体化してゆくのである。とりわけ、それが最も鮮明化するのがキリスト教理解であった。

3 キリスト教理解

キリスト教が西洋諸国の国家統合の機能を持っていて、日本にはそれに代わるものはないという反省から、堯舜三代の治道を持ち出してきたことは既にあきらかにしてきた通りであるが、もう少し小楠のキリスト教理解について見ておきたい。

西洋学を漢訳した書物

小楠のキリスト教に関する情報源は『海国図志』の他に、長崎商館長の「カピタンの風信書」や後には薩摩藩からイギリスに留学した鮫島尚信や森有礼からの情報などがあるが、中国在留のキリスト教宣教師が中国人のために西洋学を漢訳した書物が相当数日本に流入し、幕末期にはかなり流通していた事実も無視できない。(小澤三郎『幕末明治耶蘇教史研究』)

小楠はキリスト教の起源について「扨耶蘇教《さてやそきょう》の淵源を尋ね候へば、耶蘇は本西天竺の地に生まれ、仏の後に起り候て、其教を立る処を見るに全く仏の一種に相違なく、然して西洋に流漸致候」(「沼山対話」『遺稿篇』九〇〇頁)と必ずしも正確ではない。しかし、「全体耶蘇にも八派ほど分れ候て、其内西教と申すは尤も晩近《ばんきん》に起こり、只今英・墨等の国に専ら流行致し」(同前)というように、西教に注目し、天文一八年（一五四九）にフランシスコ・シャビエルによって伝えられたキリシタンとは雲泥の相違があると述べている。

やがて小楠のキリスト教の知識は少しずつ修正されてゆき、「天主教」には「プロッテタント」と「カトレイキ」というように、四〜五の流派に分かれていると記している。

既に述べたように、キリスト教は国家統合の原理としての機能と西洋科学を生み出した実学の根拠であるところに、小楠は注目する。そして、西洋の脅威を、単に軍事の問題としてのみ受け止めるのではなく、キリスト教という西洋文明の精神原理に遡及して考えようとした。小楠のキリスト教理解は黒船がもたらした外圧という危機意識を背景に深められたことは言うまでもない。しかし、キリスト教の導入に関しては、小楠は次のように明確に否定している。

仏日本に入りし以来其教深く民心に染みたり。今耶蘇と姑く其説の是非を論ぜず。只耶蘇若しも日本に入込候へば必ず仏との宗旨争を起し乍に乱を生じ生霊塗炭と相成り申す可し。此患顕然たることにて何分にも耶蘇教を入れ込候ては相成まじく存じられ候。

（「沼山対話」前掲書九〇二頁）

このように、小楠はキリスト教の日本への流入には反対しているが、キリスト教を邪教として排除したわけではなかった。むしろ西洋は「経綸窮理の学を発明致候て是を耶蘇の教に付益致し候。其経綸窮理の学民生日用を利すること甚だ広大」（同前）であり、これらは「聖人の作用を得候」というように、堯舜三代の実学に相当するという観点から、西洋文明におけるキリスト教の役割を積極的に評価した。キリスト教理解を媒介として、小楠の西洋に対する基本的な態度は、「堯舜三代の道」と対照することによって、開かれたナショナリズムの性格を有するようになる。

小楠はアメリカに留学中の甥に、森有礼から聞いたT・L・ハリスのキリスト教を称賛し、次のように書き送っている。

> 此のエルハリスの見識耶蘇教の本意は良心を磨き人倫を明らかにするに在り。然るに後世此教を誤り此の如くの利害教と成り行き耶蘇の本意とは雲泥天地の相違と云ふ事なり。此段大略申遣候。扨々感心の人物及ばずながら拙者存念と符合を合わせたり。然し道の入処等は大に相違すれども良心を磨き人倫を明らかにする本意に至りて何の異論かあらん。
>
> （「甥左平太・大平宛」明治元年九月一五日、『遺稿篇』五六〇頁）

キリスト教が資本主義の洗礼を受けて「利害教」と堕落したが、ハリスのコロニーではキリスト教の「本意」が維持されているので、訪ねるべきであると勧めている。ハリスのコロニーには森有礼など何人かの薩摩藩のイギリス留学生がイギリス人のオリファントの紹介で訪れてしばらくの間滞在している。

キリスト教理解から世界秩序構築へ

小楠は森有礼らの話を通して知ったハリスのキリスト教の「本意」は、「私心を去る」ことと「良心を磨き人倫を明らかにする」ことであると捉えた。つまり、宗教としてのキリスト教ではなく、道徳性とその機能について評価したのである。小楠がキリスト教理解の方法としたのは、言うまでもなく儒教道徳に他ならない。すなわち、キリスト教の儒教的解釈である。それでは、小楠はキリスト教解釈の根拠を儒教のどのような概念においていたのであろうか。小楠のキリスト教評価の中心となったのは、これまで見てきたように、国民が共有する道徳と、西洋文明を作り上げた実学の根拠を提供したことにあった。そして、それらは、小楠が儒教を革新して到達した「堯舜三代の道」に他ならなかった。小楠における人格化された「天」の概念がキリスト教の「上帝」または「神」に類似し、これに基づいて小楠がキリスト教へと接近したとも考えられるが、そうした宗教性よりも、むしろ、小楠がキリスト教に発見したのは道徳性と実学の精神であり、さらにそれらを価値づける「徳」及び「仁」という「公」の世界に繋がって行く非宗教的な儒教概念であったと考えるほうが自然である。そこにキリスト教解釈の根拠が置かれた。こうしたキリスト教解釈を経て、小楠は新しい世界秩序を構築するのである。

4　儒教的国際主義

真の開国とは

小楠の開国論が「天地公共の実理」に沿ったもので、人為ではどうすることもできない「天地の気運」であり、それに逆らって鎖国を固守しようとするのは、日本の国家的エゴイズムであると見なしたことは既に見てきた通りである。こうした立場をとる限り、たとえ開国しても「天地公共の実理」にかなった真の開国とは程遠いものであると小楠は主張した。そこで開国の意義を、世界から戦争をなくすことにあると位置付けたことも既に見てきた。こうした小楠の発想を可能にしたのは、それまでの儒教的な世界秩序つまり、中国を中心として辺境の地は北狄・南蕃・東夷・西戎という中華思想を解体し、「天下」概念を地理的に拡大するとともに、「堯舜三代の道」を「天地公共の道」という新たな世界秩序の創出にあった。

新しい世界新秩序である「天地公共の道」の内容は、民の日常生活を支える実学主義とその政治実践である民本主義、人間平等を保障する「誠心」そして戦争をなくす平和主義に要約される。したがって、キリスト教を含め西洋が有する普遍的な価値もすべて「天地公共の道」に包摂されてしまう。

甥の左平太・大平に託した事

小楠は坂本龍馬を通して勝海舟の塾に学ばせていた甥の左平太・大平のアメリカ留学に際して次のような詩を贈っている。

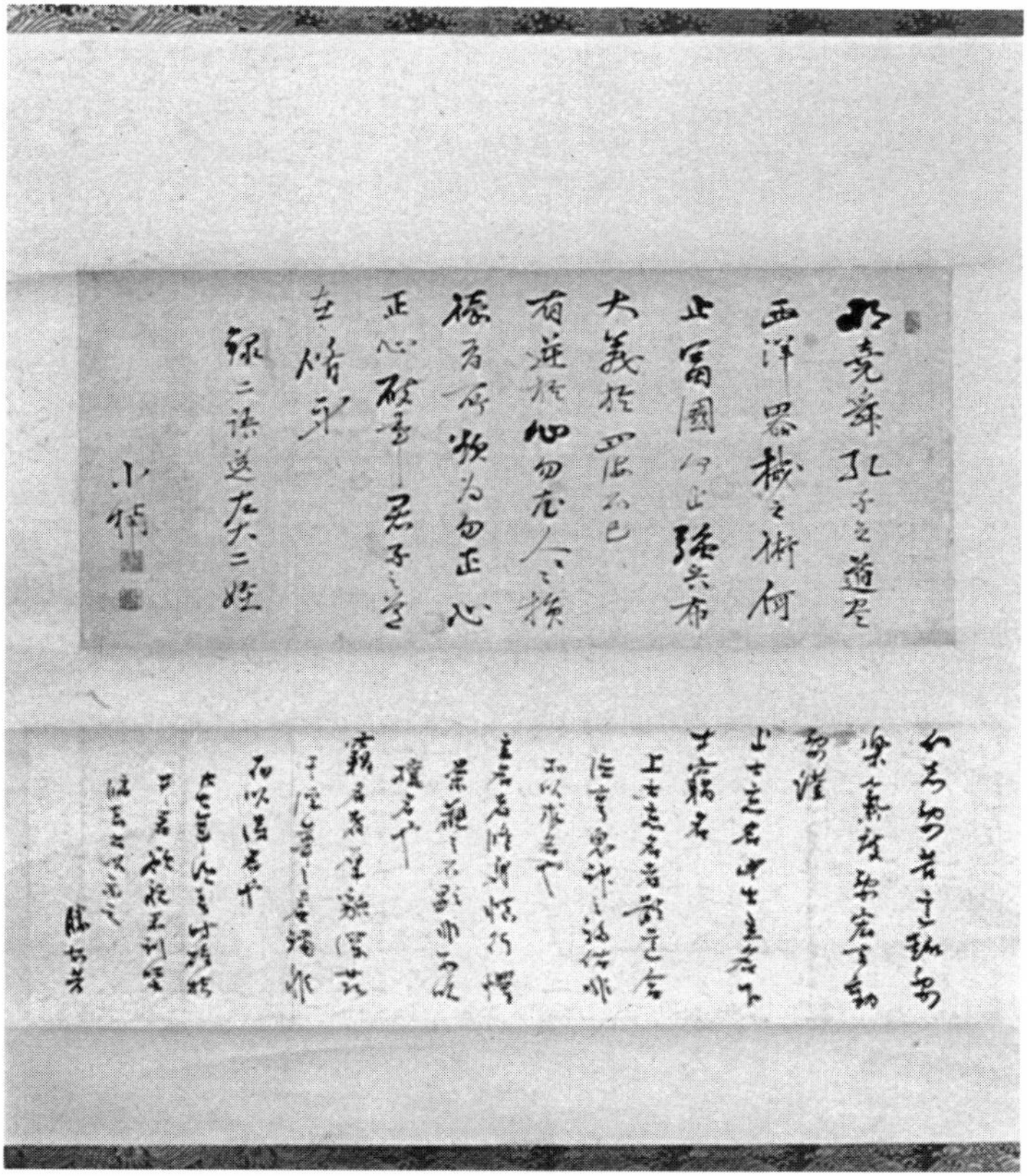

上段：甥左平太・大平渡米に際して送った詩
下段：勝海舟の書

堯舜孔子の道を明らかにし、西洋機械の術を盡す。
何ぞ富国に止まらん、何ぞ強兵に止まらん。
大義を四海に布くのみ。（原漢文）

（「送左大二甥洋行」年代不明、『遺稿篇』七二六頁）

左平太・大平が日本を出発したのは慶應二年（一八六六）四月二八日のことであるから、小楠がこの詩を贈ったのは四月前後と推察される。甥の留学費用は小楠の門弟、とりわけ徳富家が山林の一部を処分して工面した。留学の目的を単に日本の富国強兵に必要な学問の修得にとどめず、むしろ「天地の大義」つまり「堯舜孔子の道」を世界に向かって発信する機会にせよと励ましている。また、二人の甥にはアメリカ生活の心得を次のように書き送っている。

万里の山海隔り候へば山川草木何もかも異類のみ多かるべし、去り乍ら人は同気の性情を備へぬれば必ず兄弟の志を感じ知己相共にする人出来するは自然の道理にて、却て日本人よりも外国人親切なる事に存じられ候。申迄も之れ無く候へ共、木石をも動かし候は誠心のみなれば、窮する時も誠心を養ひ、うれしき時も誠心を養ひ、何もかも誠心の一途に自省致されたく候。

（「甥左平太・大平宛」慶應二年一二月七日、『遺稿篇』四九二頁）

日本とアメリカとでは山川草木は異なっても、人間の性情は異なる事が無いので、何事においても「誠心」を養うことが肝要と忠告している。因みに、二人の甥はその年の秋にニューヨークに到着した。フルベッキの紹介状を持参していたので、最初はラトガース大学に在籍していたが、途中より太政官からの官費留学生となって航海術を学ぶために、航海学校に移った。弟の大平は肺結核を患い明治二年（一八六九）に帰国して熊本洋学校の創設に尽力したが明治四年（一八七一）二二歳で死去した。兄の左平太はそれより三年遅れて帰国したが、再度の留学を命じられ二年アメリカに滞在して帰国後は元老院権少書記官となった。明治八年（一八七五）一〇月に三一歳でこの世を去った。

少し話はそれたが、小楠が考えた人間の普遍性は自然環境や文化、国家を超えて存在する以上、「誠心」は国家や民族を超えた人間の平等を保障すると同時に、「天地の大義」を発見し、実行する主体の拠り所となるものであった。

学問や政治の近代性は、道徳や宗教からの解放によって科学性や客観性が担保されるのであるが、小楠は政治や学問の倫理的・道徳的な命題を現実とのかかわりの中で実践しようとする。この限りにおいて、小楠の思想はきわめて儒教的であると言える。このあたりの事情は小楠のアメリカの教育事情の洞察から明らかである。

西洋列強への対応論理の帰結

小楠はアメリカで学ぶ甥たちに、「西洋学校は稽業の一途にて徳性を磨き知識を明らかにする学道は絶えて之れ無く本来之良知を一稽業に局し候へば、其の芸業之外はさぞかし暗き事と察せられ候」（「甥左平太・大平宛」慶應三年六月二六日、『遺稿篇』五〇八頁）というように、西洋の近代学校に関する感想を述べている。人間の「良知」を追求することが一科目となっており、倫理を伴わない実学一辺倒になっているところに、問題の本質があるというのである。

小楠は西洋の実学が「心徳の学」から独立して発展してきた「事業の学」であったが故に、かくも容易に発達できたとみる。そうして、「心徳の学」を伴わない「事業の学」がもたらす結末については次のように述べている。

其心徳の学無き故に人情に亘る事を知らず、交易談判も事実約束を詰るまでにて其詰る処ついに戦争となる。戦争となりても事実を詰めて又償金和好となる。人情を知らば戦争も停む可き道あるべし。華盛頓一人は此処に見識ありと見えたり。事業の学にて心徳の学なくしては、西洋列国戦争の止む可き日なし。心徳の学ありて人情を知らば当世に到りては戦争は止む可なり。

（「沼山閑話」『遺稿篇』九二六頁）

すなわち、利益の追求を目的とする「事業の学」は、やがては国家間の対立や衝突を引き起こし、つまるところは戦争になるというのである。かつて「三代の治道」に類推して評価したキリスト教も、この「事業の学」の前にはその有効性を発揮できず「天主教の如きは西洋も本意とする事に非ず」（同前）というように、キリスト教は誰も本心から信じてはおらず、日本の仏教と同じで「唯是を以て愚民を喩すの一法」（同前）になってしまったと、結論付けた。

西洋の資本主義の下で発達した「事業の学」に対する小楠の批判は、とりもなおさず、アジアに向けて進出してきた西洋の帝国主義政策に対する批判に繋がっていった。小楠の儒教的な国際主義は、圧倒的な力の論理で迫る西洋列強への対応論理の帰結でもあった。それでは、小楠はどのようにして「堯舜三代の道」の理念に到達したのであろうか。次に小楠の儒学理解とその変容について見てみよう。

第九章　小楠の儒学革新

1　「立志」と「為己の学」の系譜

時習館時代の小楠の問題意識は、現実の社会に対応できる学問の在り方であった。記章詞誦の形骸化した朱子学ではなく、歴史を通して現実を把握する学問への接近がみられる。

熊沢蕃山との類似性

本山幸彦は小楠の時習館時代の学問の特質を「朱子学ではなくむしろ徂徠学に近く、徂徠が重視した歴史学であった」（『横井小楠の学問と思想』二一頁）と述べている。しかし、江戸から酒失により不名誉な帰国を余儀なくされ、反省と思索の時期を経て実学研究会を興した頃の小楠の学問について、元田永孚は次のように回顧している。

慶長以後儒者輩出すと雖ども修己治人道徳経綸真に道を学び得たるは熊沢先生にして、その後は吾藩の先輩大塚退野平野深淵二先生のみ其他寥々聞くこと無くして、今日吾儕五人斯学を覚得するは独一身の幸のみならずして、一藩の幸亦天下の幸なり。

（「還暦之記」『元田永孚文書』第一巻二七頁）

小楠は熊沢蕃山に対して一貫して高い評価を与えている。とりわけ「日本之書にては熊沢の集義和書は格別に相見申候。」（「岡田準介宛」嘉永五年七月一〇日、『遺稿篇』一七六頁）と、『集義和書』を重要視し、福井藩においても『集義和書』を講じている。蕃山の学問は「愚は朱子にもとらず、陽明にもとらず、ただ古の聖人に取て用い侍るなり。道統の伝のより来ること朱・王と同じ」（「集義和書」『日本思想体系』三〇巻一四一頁）と表明しているように、中江藤樹の思想系譜をひく陽明学者と位置付けられるのが一般的であるが学派に捉われない柔軟性を有していた。また、「法は聖人時・処・位に応じて事の宜しきを制作したまへり」（同前三八〇頁）と述べて、時代状況に応じた学問と政策論を主張した。

さらに、民の世話をする政治主体としての武士の在り方を説いた蕃山の思想との類似性を挙げることができるが、前に述べたとおり、小楠と蕃山の思想的な連関に言及した史料は見当たらない。

大塚退野について、小楠は次のように紹介している。

退野天資の高きのみならず、修養の力格別に之れ有り、知識甚明に御座候間、治国の道尤以会得致候。代々世禄の人に候得共、時の否塞に逢ひ終に用られ申さず。然り乍ら老年に至候ても国を憂ひ君を愛するの誠彌深切に之れ有り、真儒とも申すべき人物に御座候。其著述と申て格別に御座無く候へ共門人其語を録し候もの之れ有り、且応答の紙面等段々相集二三冊のもの御座候。拙子本意専此人を慕ひ学び候事に御座候。

（「本庄一郎宛」嘉永二年八月一〇日、『遺稿篇』一三一頁）

大塚退野は名を久成、丹左衛門と言い、はじめ蹇斎と号し、後に浮斉と改めた。熊本藩御番方二〇〇石扶持の藩士であったが、時習館創設期に隠棲して退野と称した。退野は宝永二年（一七〇五）に大きな思想転回を体験したと言われている。

先生云、吾廿八より程朱の学に志す、其前陽明の学を信じて良知を見るが如くにあり、然れども、窃に疑を起す、然して自省録（李退渓著）を読、内に程朱の学の意味を暁り、始て志し候なり。

（「退野語録」『肥後先哲偉蹟』巻一、二八頁）

退野は朝鮮の儒者である李退渓の『自省録』を読んで、陽明学から朱子学を信奉するようになったと言われている。退野の陽明学批判の根拠は「聖経に引合せて平易ならず」とか「聖門の教に叶ひ申さず」というように、「孔孟の学」である。とりわけ『論語』の「博文約礼」と朱子が説いた「格物致知」の概念を用いて陽明学批判を展開している（「孚斎存稿」『肥後文献叢書』第四巻六〇九頁）。

「博文約礼」とは、博く書物に当たり、物事の事実を知り、それを礼によって集約して人生に処すという実践的な意味をもつもので、「格物致知」とは、事物を在る様に在らしめている「理」を推究してゆき、自己の知覚を明らかにすると同時に、自己の内にある「本然の性」（人間を在る様に在らしめている「理」）を会得することである。退野は「意」の善悪を人間に内在する「良知」にただす陽明の方法を「心偏狭」で、「二三十歩が間の縄の結目」などを知ろうとする無益なものであると批判した。つまり、陽明の主観主義に対する批判である。

退野から継承された実学

退野は「理」について「此理と申は天下の理にて古今往来万事万物の上に有て古往今来易らぬ処の私ならぬ条理」（同前）と説明している。「私ならぬ条理」とは陽明学の主観主義に対する批判の意味が込められている。この客観志向は、「理」に賦与された二重性、つまり超越的かつ内在的という特質に規定されて、つき詰めてゆけば主観に立ち帰る。しかし、事々物々に内在する理の究明という客観性から人間に内在する「理」を悟るという主観性への回帰は、「本然の性」という普遍性の発見を伴うことにより、再度主観を客観化しうる論理的な構造を有している。

一理にあへば其理を推究、融釈脱落して後別事を究む、それも又此の如して日夜怠る事なく候へば、積累の功により脱然貫通の妙処に至り申候。

（同前六一一頁）

こうして、万物に内在している「理」を究明してゆき、「理」を照らす「智覚」を磨いてゆき、ついには「脱然貫通の妙処」に至り、「本然の性」を会得できるというのである。ここまでは、退野は朱子学理論に忠実に則っている。しかし、退野はこの格物致知に先立って「立志」と「信心」を重視している。「立志」とは学問の目的を自己の道徳修養（為己）にあると自覚し、「身外之事」すなわち「栄衰休戚毀誉得失」は「一切之を度外に置き、心に容れず」という覚悟を何よりも重要視した。この「身外之事」に関わる学問が「為人の学」と呼ばれ、それに惑わされずに「為己の学」に邁進する事が「立志」に他ならなかった。「信心」とは「信心学問の命脈にて御座候、其信心は則聖人の教えを信ずるこころの骨に透りて二つなき味にて御座候」（同前六一二頁）と述べているように、「聖人の教」を信じることである。さらに退野は次のようにも説明している。

聖人の語の己に切なる処を擇出して信を篤ふして守り候はば、善は日々に其中に生し、悪は自ら退去て人倫正敷国家治平なるべき事必然に御座候、此意味を能信ぜずしては学問と申聖経を読候ても記誦の学と申て人道の用になり申さず候。

（同前）

退野は実学という言葉を用いていないが、「人道の用」になる「為己」の学問こそが退野から小楠へと継承された実学に他ならなかった。

2 小楠の朱子学と朝鮮儒学

小楠の儒学の系譜

小楠が敬慕した大塚退野が朝鮮の儒学者である李退渓の影響を強く受けたことは既に見てきたが、小楠も「明一代之真儒薛文靖も存じ奉り候。其外朝鮮之李退渓之れ有り、退渓却て又文靖之上に出候様に相見古今絶無之真儒は朱子以後此二賢に止候。故に読書録・自省録の書は程朱之書同様に学者心得る可きと存じ奉り候」（「本庄一郎宛」嘉永二年八月一〇日、『遺稿篇』一三〇頁）と述べ、李退渓を朱子以来の大儒と称賛している。

以上のことから李退渓－大塚退野－横井小楠という儒学の系譜が明らかになるのであるが、この三人に共通する朱子学理解の特質について見ておきたい。

朱子学は南宋の朱熹（一一三〇～一二〇〇）によって、周濂渓・程明道・程伊川を経て継承されてきた道徳哲学（道学）の伝統を踏まえ、仏教思想との対抗関係の下に形成された。朱子学の斬新的な特質は、訓詁学《くんこがく》を批判し、四書（論語・孟子・大学・中庸）を中心とした「義理の学」を標榜し、宇宙と人間を包括した形而上学を樹立して、それまでの道徳哲学に欠如していた理論的な一貫性を創出したところにある。

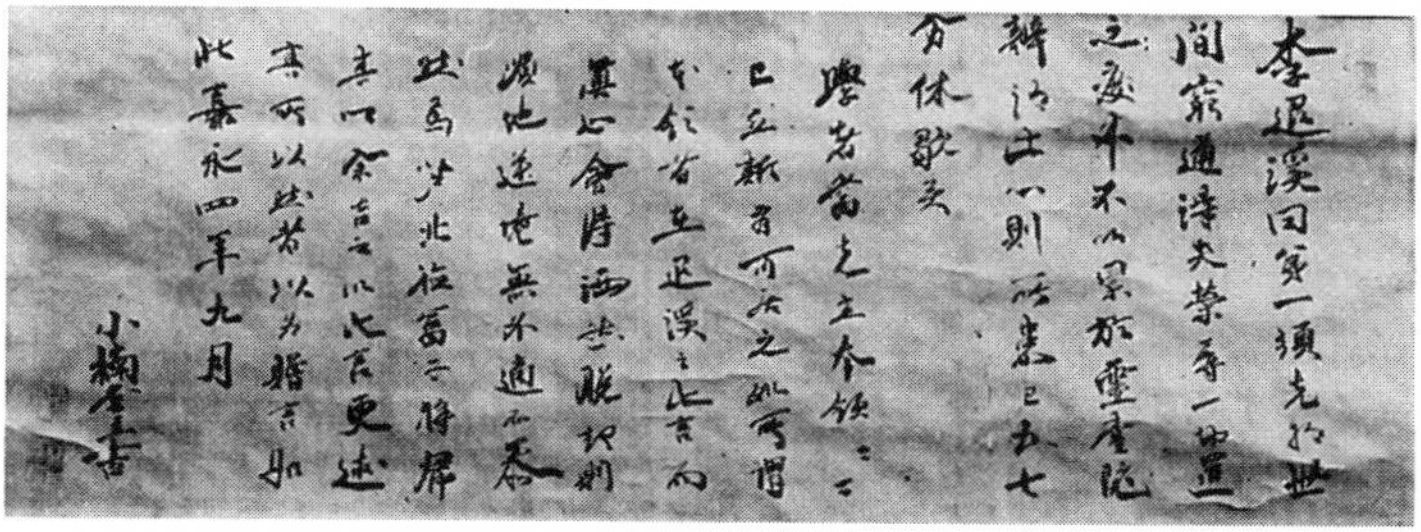

小楠筆「李退渓」

朱子学の根本原理は「理」とよばれ、「気」と結びついて万物の存在を可能ならしめる。その際、「理」は万物に内在し、万物存在の「普遍性」を保障し、「気」は万物の存在の形態を賦与するものと考えられた。宇宙の根本原理である「理」は、人間に内在すると「本然の性」となり、「気」は「気質の性」と呼ばれる。この「気質の性」は清明混濁の差を有していて、人間の差別相（多様性）を作り出し、「本然の性」の顕現を遮断する結果として、人間のもろもろの邪悪が生起するのである。この諸々の邪悪を克服して完成された人間（聖人）に到達するために、守静持敬（居敬）と格物致知（窮理）の二つの方法が考えられた。

守静持敬（居敬）とは禅の方法に類似し、静的な自己省察を通し、「本然の性」を悟り、それを保持してゆく主観的な方法である。もう一つの格物致知は、事物に内在する「理」を明らかにしてゆき、やがて「豁然《かつぜん》として貫通」すれば人間の心の「全体・大用」が明らかになるという客観的な方法である。

朱子学の特質

このように学問を通して事物の「理」を極める客観的な行為が、人間の本質（本然の性）、つまり如何に存在するべきかという主観的行為に連結するのが朱子学の特質でもある。学問は人間形成であるという言説も、ある意味では朱子学的な表現であるといえよう。自然を認識する行為が自己認識に直結し、自己認識は「修身・斉家・治国・平天下」というように、社会的な実践哲学に連結する。この朱子学理論は、仏教の彼岸主義に対して、現実社会における人間の在り方を問題とする現世主義を表明していることから、「実学」と称する事が出来る。しかし、朱子学における実学の意味は、人生に処する人間の在り方を追求する学問という意味で、きわめて求心的な性格をもつものであった。

李退渓によれば「理」は「日用に洋々たる者」であるが故に「理」を究めるには身近な自分の生活の回りから始めなければならないというのである。退渓は「理」を究める格物致知の展開について次のように述べている。

先王人を教ふる法、今見る可きものは小学・大学なり。小学の教は、固より人事の繊微曲折を盡す所以也。大学に至っては以てその規模の大を極むるありと雖も、然れども以てその知を言へば、事物に就いて窮格することを言ひ、以てその行を言へば、誠意・正心・修身よりして後、これを家国に推してこれを天下に達する。其の教えの序あって学の実を務むること此の如し。その治を論ずるや猶ほ心を存して治を出すの本とするに過ぎざるのみ。

（「自省録」阿部吉雄『日本朱子学と朝鮮』二七二頁）

格物致知は修身斉家を経て治国平天下というように、政治に連結するのであるが、退渓は、それを「教えの序」と説明する。つまり治国平天下を論じていても、それは「治を出すの本」について論じているというのである。

このように、退渓の『大学』の解釈からも明らかなように、格物致知は段階的に治国へ向かうのではなく、常に心の在り方に回帰してゆくのである。したがって、退渓の学問の特質は心の修養を重視し、格物致知をとおして日常の道理を体忍自得する所にあった。

朱子学の中心概念　退渓は朱子学の「理」と「気」を二元論的に解釈しながらも、「理」は「気」を統制するさらに根源的なものと解釈した。朱子以降、朱子学には「理」と「気」を渾一的に捉え、「気」の優位性を強調する主気派の流れと、理気二元論をとりながら「理」の独立性を強調する主理派の流れが存在した。

主気派においては「理」は「気」の法則や条理と考え、「道理」との連続性を希薄にし、その格物致知も事物を客観的に分析する博学の方向を辿る主知主義の立場をとる傾向にあった。これに対して、主理派は「理」を自然界と人間界に一貫して存在し、あらゆる事物の存在を可能ならしめるものと考える。そして、格物致知も最終的には人間の本質である「本然の性」を会得することを目的とした。したがって、博学という方向よりも、むしろ聖賢の書を追体験し、心の知覚を磨き、「理」を究めようとする内省的な傾向を強め、道徳修養を重んじた。

以上のように、退渓から退野の学問に共通する特質は主理派の格物致知と実践倫理を修得するという意味での「実学」にあることが明らかとなった。しかし、小楠の格物致知と実学は、退渓や退野の求心志向と同時に社会的な実践の傾向を強く有していた。ここに、小楠が生きた幕末という歴史状況における課題が小楠の実学に鋭く反映されてくる。そして、やがては小楠が朱子学を乗り越えなければならない要因ともなるのである。

3　朱子学批判と「三代の治道」

大塚退野や李退渓の儒教はいうまでもなく朱子学であった。小楠は朱子学が本来の姿を見失って変貌する過程を明代に遡って考察している。

明代の朱子学

明代に朱子学派の学説が勅命によって編纂され、『永楽大全』として刊行された。これに基づいて、朱子学は国家の教学として確立されていった。小楠によれば、『永楽大全』の編集意図は「挙業之為」という政治目的からであって、「天下万世に此道を明らかにするの本意」ではなかったので、主として文義を解いている説だけを採用していた。したがって、「大全に就き朱子之説を見候へば徒に訓詁文義に規々たる俗儒の説に同じく相聞こえ甚以本意を失ひ申候」(「本庄一郎宛」嘉永二年八月一〇日、『遺稿篇』一二九頁)というように、『永楽大全』をテキストとすれば、本来の朱子学理解を見誤ってしまうと次のように総括している。

朱子以来、元の儒者盛大の気象は乏敷候へ共、大抵師説を守支離破裂の病御座無く、明・清儒者に至り候ては一向に頭脳之れ無き候より格致の訓を誤り、徒に書を読み其義を講ずるを以て問学と心得候。必竟大全の陋習にして俗儒無用の学に陥入申候。（同前）

三宅正彦によれば、朱子学が国家教学として確立される過程において「理」は「気」との対立において強調され、しかも外在的規範として先験的に設定される傾向が強くなった。（「朱子学・近世思想の基底」『伝統と現代』第二二号）そして、格物致知は客観的な事物認識というよりは先哲の書物に書かれた「理」を再確認するという書物中心主義へと変質し、無用の学問となってしまったと小楠は述べる。

「天」と「理」の新しい解釈

李退渓から大塚退野の朱子学を軸に実学を構築しようとした小楠ではあったが、福井藩での藩政改革や松平春嶽の諮問を受けて幕政改革に携わる過程で小楠の朱子学は大きく転回してゆくことになる。小楠は格物致知の解釈と実学の意味において、朱子学批判を展開するようになる。

三代治道の格物と宋儒の格物とは意味合いの至らざる処有る可し。一草一木皆理有須らく之を格すとは聞こえたれども草木生殖を遂げて民生の用に達する様の格物とは思はれず。何にも理を詰めて見ての格物と聞こえたり。

（「沼山閑話」『遺稿篇』九二三頁）

「宋の大儒」（朱子）の格物致知は物に内在する「理」を知ることで、これは「堯舜三代工夫」とは異なるものであると小楠は指摘する。ここで小楠は儒教の「天」という抽象的非人格的な観念に「天帝」という人格的な意味を賦与する。「民生の用に達する様の格物」について、小楠は「現在天帝の命を受て天工を広むるの心得にて山川・草木・鳥獣・貨物に至るまで格物の用を盡して、地を開き野を経し、厚生利用至らざる事」のない、民衆の生活と直結し、生活を豊かにするものと説明している。この、格物致知は小楠の実学観念に「現在此天帝を敬し現在此天工を亮るの経倫」という新しい意味を賦与した。さらに、それは書物上にある過去の出来事ではなく、「現在」に進行している「天工」に対する格物致知であった。

小楠は朱子が説いた「「性即理」説に基づく求心的な方向を持った格物致知の目的を「民生の用」に役立つ「厚生利用」という、具体的に生産に貢献する方向で展開させる。この転回の軸となったのが「天」と「理」の概念の新しい解釈である。小楠は「天と云ふも多く理を云、天を敬すると云も此心を持するを云ふ」（同前）というように、「天」と「理」を同一視する傾向にあった「宋の大儒」（朱子）を批判する。「天」と「理」を切り離し、「天」にはすでに述べたように人格的な意味を与える一方で、「理」を動態的に把握する。小楠は「古今勢異候。勢に随ひ理亦同じからず候」（「沼山対話」『遺稿篇』九〇七頁）と述べて、過去と現在の情勢を区別した上で、「理」も変わりうるものであると捉えた。しかも、「理と勢とはいつも相因て離れざる者に候」（同前）というように、「理」を歴史情勢と不可分に存在するものと小楠は考えた。

「己に思ふ」行為の重要性

以上のような朱子学の抽象的な概念を解体し、新たに再構築した小楠の「格物致知」と「理」の解釈は、学問の方法も大きく変化させた。小楠は書物を読むという行為を次のように説明している。

全体己に思ふの誠なければ、後世の如く幾千巻の書を読候ても、皆帳面調べになるものに候。先書は字引と知べく候。一通の書を読得たる後は書を抛て専ら己に思ふべく候。

（同前八九八頁）

過去の「理」は現在の情勢とは必ずしも合致しないので、現在の「理」を認識するには過去の書物をいくら読んでも意味がないと小楠は断言する。書物は「字引」ぐらいのものと理解し、現在という時制に存在する学問主体者の「己に思ふ」という行為が必要であると主張する。「己に思ふ」とは、書物に書かれた「理」に縛られずに、主体的に歴史情勢や事物を認識することを意味している。こうした学問方法の転換はさらに小楠に独特な認識論を展開させる。

学問を致すに知ると合点との異なる処ござ候。天下の理万事万変なるものに候に徒に知るものは如何に多く知りたりとも皆形に滞りて却って応物の活用をなすことあたはざるものに候。合点と申すは此書を読て此理を心に合点いたし候へば理は我物になりて其書は直ちに糟粕となり候。

（同前八九九頁）

小楠は「知る」ことと「合点」することを区別している。「知る」とは事物の存在形態を知識として見る事であり、「合点する」という行為は事物に内在する特性や法則性を洞察し、現在という時制の下で、事物の存在を余すところなく活用することに他ならなかった。こうして「勢」に従って認識された「理」は「わが物」となり、「別事別物に応ずるも此の理よく彼に通じて活用致すものに候」（同前）というように、現実に対応できる活用性を獲得することができるのであった。

小楠は、学問をする人の主体的な行為を用いなければ、「理」を発見することができないし、それを応用することもできないと論じる一方で、格物致知の前提として、学問主体者の人としての在り方が厳しく問われなければならないと主張した。

大凡仁の用は利を以て人に及ぼすにあることに候。譬へば子たるもの々孝道は十分心を親に身に懸けて、只々親の心を安んずる様に致すことに候。人君愛民の道は是又専ら民を気に付けて、民の便利をはかり世話致す事に候。天日の恩と申ても専ら万物を煖め養ふて是を育つるにある事に候。皆己を捨てて人を利するの事なり。故に利の字己に私するときは不義の名たり、是を以て人

を利するときは仁の用たり。仁の体は固より己に在りて、仁の用は物を利するに在ることに候。（同前九〇五頁）

小楠の実学は「己を捨てて人を利する」という「仁の用」である以上、「仁の体」である実学を実践する主体の「己を捨てる」という道徳修養を前提としていた。幕末の同時代における実学と小楠の実学の相違はここにある。

世界的理念「三代の治道」

同時代に実学を提唱した思想家に佐久間象山がいる。象山も格物窮理から実学を展開するのであるが、象山の場合は朱子学の思想構造を何ら変更することなく「西洋の窮理の科などもやはり程朱の意に符号し候へば実に程朱二先生の格致の説は之を東海西海北海に於いて皆準ずるの至説と存候儀に御座候、程朱の意に従ひ候へば西洋の学術迄も皆吾学中の一端」（「川路聖謨宛」『象山全集』巻三、四〇九頁）というように、朱子学の思想構造の中で西洋学を受け入れる論理を作っていった。こうした思考態度は新井白石の「彼方の学の如きはたゞその形と器とに精しき事を、所謂形而下なるものゝみを知りて形而上なるものはいまだあづかり聞かず」（「西洋紀聞」『新井白石』（日本思想体系三五）一九頁）という西洋学を受容する伝統的な方法の連続上にあった。

これに対して、小楠の実学は「三代の治道」の実践と結びついている。民衆の生産活動に貢献するという点において、西洋学に備わった効用も問題なく受け入れる。西洋の「経綸窮理の学」は民生日用を豊かにするものであり、是は「聖人の作用」と同じであると小楠は見る。小楠は次のように記している。

皐陶謨《こうようぼ》に六府三事允乂《まことにおさまる》と之れ有り、六府は水・火・木・金・土・穀の六物を指候て民生日用の財用欠く可からざる者なり。聖人上に在りて民生日用の世話をいたされ右の六府を乂めて其の用を盡し、物産を仕立て器用を造作し許大の生道を建立せられたり。これ実に聖人代天の大作用なるに、朱子之を知らずして五行の気と穀とを合して六府とすと説けるは大いなる誤りにて候。（同前九〇三頁）

小楠の説く「三代の治道」の実学は人間の日用に必要なものを提供するもので、ここから西洋先進国の繁栄を評価している。また、陰陽五行の気と穀を合わせて六府と説いた朱子の観念論を批判した。つまり、朱子は陰陽五行というあらゆる物質を構成する元素と穀から、世の中の「物」の存在を説明しようとしたが、小楠によれば、それは誤りで、聖人と呼ばれた先人は、五行の元素と穀を合わせて、民衆の生活に役立つものを作りだそうとしたと主張する。新井白石や佐久間象山などが用いた方法は、徳川幕府の社会構造や政治理念などを維持したままで、体制を支える朱子学思想の基本的な構造を変えることなく、西洋学の優れた科学技術学だけを採り入れる、いわゆる採長補短主義であった。これに対して、小楠は人間の道徳的な精進が全ての問題を解決できるという朱子学の予定調和説的な楽観主義の思想を解体し、西洋の政治理念や社会制度まで採用できる論理を構築しようとした。「三代の治道」は歴史的な事実ではなく、あくまでも理想的な政治が実践されていたという、一つの理念型にしか過ぎなかった。「三代の治道」を実体化したものこそ、小楠の西洋理解に他ならなかった。

朱子学の革新から始まった小楠の儒学革新の営みの基本的な概念は「実学」とそれを実践する倫理であった。やがて、小楠の関心は民衆の生産活動と日用に役立つ「利用厚生」を目的とした政治の在り方を模索する過程で朱子学を克服し、「三代の治道」という理念に到達する。この「三代の治道」はさらに理念化され、世界に普遍的な理念として西洋と繋がってゆく。小楠のこうした思想的な営みは、抽象的な机上の作業ではなく、惣庄屋を中心とした小楠堂での教育活動や顧問としてかかわる福井藩での藩経営の実際と、松平春嶽を補佐して参画した幕府政治の改革などの、現実的な課題を通して形成されたものにほかならない。

第十章　福井藩の藩政改革と小楠

1　小楠の招聘問題

福井藩の「相談の人物として」

越前福井藩では、藩校を再建するにあたり、藩士の三寺三作に「朱子学純粋の儒者」の探索を命じた。三寺は京都で梁川星巌や梅田雲浜から小楠の名声を聞き、雲浜の紹介状をもって熊本藩の長岡監物の家臣笠隼太を訪ねた。笠隼太は三寺を連れて小楠と面会させたところ、三寺は小楠堂にしばらく滞在して小楠の講義を受けることになった。三寺は福井藩にもどり、小楠の学問と人柄などを報告した。その後、小楠は諸国遊歴の途中に福井藩に立ち寄り、しばらく逗留して藩士に講義をすることになった。諸国遊歴から熊本に戻った小楠は、福井藩から学校再建に関する諮問を受けて『学校問答書』を書きあげて提出した。小楠の見識を高く評価したのは、福井藩主松平春嶽（慶永）であった。

とりわけ、松平春嶽（慶永）が小楠の招聘を強く希望したのは、安政三年（一八五六）一二月二一日に小楠が福井藩の村田巳三郎（氏寿）に宛てた書簡を見たことによるといわれている（圭室諦成『横井小楠』一二八頁）。それによれば、小楠は日本の緊急の課題として、人心を一新すること、明確な政治理念を定める事を指摘し、西洋ではキリスト教がその機能を果たしていると指摘し、これに対応することが重要課題であると主張した。また、ロシアでは地方の学校から中央の大学校へと進む階梯が設けられていて、大学で議論して政治の方針が決定するなど、これらすべては「三代の治道」に合致していると述べ、この「三代の治道」を明らかにすることが緊急の課題であると説いていることに春嶽が感銘を受けたと言われている。春嶽は小楠を藩校再建のための人材に止まらず、藩政にかかわる重要な案件の「相談の人物」として、小楠の招聘に大きな期待を寄せた。

「くせ者」の借り上げ

春嶽の小楠招聘の命を受けて、村田は安政四年（一八五七）三月に越前を出発し五月に肥後に到着して、沼山津に隠棲する小楠に会い、春嶽の意向を告げて、小楠の内諾を得た。

小楠の内諾の報を受けて、春嶽は八月一二日に熊本藩主細川斉護に小楠の招聘の依頼書を書き、それを持参して、みずから熊本藩江戸藩邸に出向いた。熊本藩江戸藩邸の家老溝口蔵人が不在であったため、春嶽は斉護の夫人に小楠招聘の件を依頼して引き返した。ちなみに、斉護の三女の勇姫は春嶽の正室にあたり、春嶽と斉護は婿と舅の関係にあった。

翌日、福井藩江戸藩邸の中根雪江が春嶽の手紙を持参して小楠招聘の意向を伝えた。春嶽が斉護に宛てた手紙では、近年福井藩において学問所を取り立てて、家中の子弟を教育しようと考えているが、教官が少なく適当な人材が不足している状況を説明した後、次のように小楠の借り上げを頼んでいる。

右に付其御家来横井平四郎儀は先年諸国遊歴の序に弊国え罷り越し候節、家来共の内え面会致し、相談等仕り候族も之れ有り候て兼て人柄聞き及び居り候。これに依りて近比粗忽恐縮の至りに御座候得共、尊藩に格別御指し支えの儀も御座無く候得ば、右平四郎儀当分御借り受け申し、弊国子弟教訓の世話相頼み申し度存じ奉り候間何卒御難題乍ら来冬迄小子え御貸置き下され候様頼み上げ奉り候。

(『伝記篇』三八四頁)

この手紙を受け取った溝口は翌日福井藩邸を訪ね、中根に小楠は熊本藩でも扱いに困る「くせ者」であり、他人と対立を繰り返しているので、福井藩に不都合なことを起こしかねないと、小楠招聘を辞退したい旨を伝えた。溝口は小楠が江戸留学中、酒失を理由に熊本に帰国命令を下した人物である。溝口が中根に小楠招聘の件を婉曲に辞退している最中に春嶽が出て来て、小楠の性格は承知の上で、不都合なことが起きても心配は無用と強い意志を示した。春嶽にここまで言われると溝口は引き下がらずにはいられなかった。この春嶽と溝口の遣り取りは、橋本左内が越前の村田氏寿に詳細に報告している。

小楠招聘に関する春嶽の強い要望を受けて、溝口は八月一五日付で肥後に報告した。斉護は小楠の招聘に関して重臣たちに諮問したところ、「平四郎儀素より夫程の見識之れ有る可き様も之れ無く、第一学流の内には弊害を生じ候体の儀も之れ有り、御政事筋に付ても不安意の筋之れ有る処より御国許に於てすら選用仕らざる人物強て御所望に応じられ候儀は御家老共に於て御請申し上げ難き段申し上げ」(『伝記篇』、四〇〇頁)というように、熊本藩においても用いない人物を越前に送る事には反対であるという結論に至った。これを受けて一〇月二三日付で斉護は次のような理由を付けて小楠の招聘を断った。

右之者(小楠)は御家中子弟教訓の世話などいたし候教官の場には至兼ね申す可く、兼て不安心に付家老共えも得斗評議致させ候処、是以て同様の趣申し出候。左候へば差出候ても却て御用に相立ち申す間軸、御用に相立申さざる見込の者を差し出候ては重畳不本意の次第に付何分貴命に応じ兼ね止むを得ず御断り申し上げ候。

(同前三九八頁)

小楠は熊本藩においても家中子弟の教育の場にも出ておらず、重臣たちの評議に懸けたところ、同じ意見で、役に立たない人間を差し出すことは出来ず、お断りするしかないというのである。斉護の返書は一一月一七日に福井藩江戸藩邸に届けさせ、同日に溝口が福井藩邸に赴き、小楠の問題を列挙して説明した。

溝口によれば、小楠は安心できない人物ではあるが相応の「才気」があり、壮年の書生の中には感激して信じる者もいる。これは長所と言えるが、この長所にも大きな弊害がある。熊本藩には時習館という学校があるが小楠は別に「一見」を立て、門人たちも時習館には出入りしないで「実学」などと唱えている。問題は「兎角何事も当今の有様に引き付、恐れ乍ら、将軍家はヶ様、列侯列藩の内何方にてはヶ様、自国の政事人物はヶ様左様と申す形にて相倡候処より門下の諸生自然と党を結候様成行其末先は子供喧嘩とも申すべく候得共、右学意の論より昨年大勢争論に及び其内刃傷にも至り、且また長岡監物とは無二の莫逆に候処学意の訳よりか近来は義絶いたし候由」（同前四〇一頁）と、小楠の欠点を論《あげつら》った。斉護をはじめ藩の重臣や溝口は、これで春嶽は小楠の招聘を諦めると考えた。

しかし、一二月二五日付で再び斉護に宛てて再度小楠の招聘願いの手紙を書いた。それによれば、「段々一通ならざる御評議之れ有り、御厚志の至り千万感謝奉り候」と小楠招聘に関して評議してもらったことに感謝しつつも、小楠の招聘が実現するものと思い、高齢の教官の隠居を許し、小楠の住居の用意も済まして準備万端整えていると書き、小楠に関する心配は春嶽が責任を以て対処すると述べ「何卒素願の趣御聞届下さり候伏して希い奉り候」（同前四〇六頁）とまで言われて、また熊本藩の世子細川右京太夫の執り成しもあり、ついに斉護は安政五年（一八五八）三月一七日、熊本藩江戸藩邸の溝口が福井藩江戸邸を訪れ、許諾の旨を伝えた。

2 「賓師」小楠と春嶽

小楠は熊本藩から安政五年（一八五八）二月二九日付で越前へ派遣する辞令を受け取った。三月一二日には熊本を出発して福井に向かった。門弟の安場保和と河瀬典次のほかに、柳川藩の肥後学（小楠学）の門弟池辺亀三郎が越前まで随行することになっていた。一行は小倉から船旅で大坂に出て、淀川をさかのぼって三月三〇日に京都に到着した。

幕府が抱える二つの問題

京都に到着すると、橋本左内が待ち受けていて、会談を行っている。左内は春嶽がもっとも信頼を寄せていた藩士の一人であった。そのころ幕府ではアメリカ総領事のハリスから修好通商条約の締結を迫られていてその対応に追われていた。また、一三代将軍徳川家定の継嗣問題がおこり「英明、年長、人望」の人物を選ぶか、あくまでも血統を重んじるかで意見が分かれていた。通商条約に関して、春嶽は積極的な貿易推進を提案し、将軍後継者としては薩摩藩主島津斉彬や土佐藩主山内豊信らと水戸藩の徳川斉昭の七男で、一橋家の当主である一橋慶喜を推挙していた。左内は春嶽の命を受けて将軍継嗣問題や通商条約の勅許をえるために京都朝廷に働きかけていた。ここでどのような話が行われたか、詳細は不明であるが、福井到着後の四月一一日付の左内に宛てた手紙には「京師に於ては数日御難題に罷り成厚く忝々拝謝申し盡し難く御座候。然し乍ら寛々拝話を得て、大慶此事に存じ奉り候」（同前四四〇頁）と書き送っている。また、四月二五日付の春嶽から小楠に宛てた手紙には「過日京師屋敷に於て左内面唔の由、其節御持論の趣逐一左内帰東の上之を承り、彌増景仰を加え」（同前四五〇頁）とある。春嶽も左内もかなり小楠の持論に敬服したことがうかがえる。

儒者として破却の待遇

四月三日に京都を去って福井に向かったが、城下に近づくにつれて迎えの人々が増え四月七日の夕刻に到着した。春嶽は小楠の福井到着後の待遇も合わせて細かく指示をしている。特に小楠を「賓師の位」出迎え、はじめから政治向きの相談は控えて、熊本藩との約束通り、まずは藩内の人材教育から着手するようにと指示している。小楠には「五十人扶持または御合力二百俵給さるべき事」という生活費のほかにも、「銭穀出納・買物」などの世話役も付け、儒者としては破却の待遇であった。

禁裏御守衛総督時代の慶喜

村田氏寿の橋本左内にあてた報告によれば、越前に到着後、小楠は早々に藩の重臣や学校の役職者と面談したが「一統心酔悦服」に及び、また小楠の情意も大いに通じたとある。小楠の招聘を快く思っていなかった藩士もいたが、そうした連中に対しても「その他の面々疑惑融解当分の処聊かも差障り之れ無く上場の都合に御座候」（同前四四八頁）というように、理解されたと記されている。

明道館では四月一〇日の午後二時より小楠を迎え

る「登館式」が行われ、館員は麻の裃を着用し、教員や生徒の挨拶など厳かに執り行われた。小楠は明道館に出講する日は午前八時から正午までで、会読のうち七の日は家老、一の日は御用人・諸番頭、八の日・一八は御役人で、何れも夕方から小楠の居住する館で行われた。明道館では三の日は高知、五の日・六の日は役輩・学諭、四の日は句読師・外塾師、二の日助句読師・典籍・外塾手伝を相手にいずれも午前中の講義を行った。一藩の藩士の子弟教育というより、福井藩の指導者に対する教育が主たるものであった。

福井に到着してから、小楠は熊本にいる親戚や友人に宛てて福井藩の状況について報告している。小楠によれば、福井藩もこれまで水戸学の影響が強く、病症の状態にあった。それは詰まるところ「学術之正路を得申さずゆえに之れ有り」というように、藩校で行われる学問が正しくないからだと見立てている。小楠は家老や執事の立場にある人々に根気よく説得をする中で、「万事人情を得候筋に引き返し、彌以て根本を大切にいたし本末体用次第寛急之筋合相もとらざる様に大体何方も得心に相成り、夫より大に都合宜敷く只今之処は学校中有志者は申すに及ばず武人少年輩に至る迄一統道に向ひ候勢にて、会業なども我も我もと罷出候事に相成余り大勢にて届き兼ね候」(「横井牛右衛門へ」安政五年六月一五日、『遺稿篇』二五八頁)というような新しい状況が生まれたと報告している。多分に、誇張もあるが、小楠が考える学政一致の理念に沿って、藩内の雰囲気も変わりつつあると実感していた。しかし、春嶽が幕府に見切りをつけて福井に戻ることだけを祈っていると心情を吐露している。小春嶽さえ帰藩すれば福井藩は「丈夫にすわり申すべき」と、三代の治道を実践することができると小楠は考えていたようである。

福井での暮らし

越前での生活については「此許滞在中五十人扶持御助力にて暮らし方余り候程に之れ有り候間当冬下され候十三石借は宿本に残らず遣申候筈に付夫にて返上候様に申遣候」（同前）というように、福井藩から支給される五〇人扶持で生活に余裕ができ、熊本での借金も、すべて返済できるほどであった。この他にも、小楠の趣味である漁猟にも満足していると書き送っている。

元田永孚は小楠が福井から一時熊本に戻った時に三日間寝食を共にして小楠の言葉を書き留め、「北越土産」と題して荻角兵衛に書き送っている。それによれば、小楠は時習館時代から論争好きで、晩年には勝海舟から「横井の舌剣」と評されたほどであったが、越前での教育活動を通して「人々の言わんと欲する所の言を盡さしめて其内に開発の機之れ有り候処より話合候へば開き申すものに之れ有り候にて、能く人情を盡《つく》し申したる体験の迹《あと》と相見え申し候」（同前九一五頁）というように、小楠は人の意見を十分聞いて話ができ

横井小楠寄留宅跡（福井県福井市）

る端緒があれば話し合うようになったと記している。これも見知らぬ土地で小楠が人情を盡すという体験を積み重ねた結果であるとも書いている。また、小楠は分け隔てない態度で福井藩の人々に接したと次のように記している

君子俗流の弁別一切致し申さず、双方共に話合いにて其人々々其筋々々に其情を盡し申候由。俗流よりは初めの程は追々落書抔も致し候由に御座候へ共聊か片乗致し申さず、公平に其話合を聴き候故、後には人心一致致し候由に御座候」。（同前）

すなわち、俗流の意見であってもその筋、その情を尽くさせて、批判する「落書」があっても、どちらかの立場に立たずに、公平に話を聞けば人心が一致するようになるという体験も、小楠は元田に語った。熊本藩においては学校党と対立する中で自分の思想を鮮明にしていった小楠ではあったが、福井藩では「公平」という立場を堅持することに徹し、そのことが小楠の思想発展に大きな影響を及ぼした。

3　春嶽の失脚と小楠の帰郷

こじれる徳川家継承問題

越前で小楠が藩主春嶽の帰藩を待ちわびていたころ、江戸において春嶽は将軍後継に一橋慶喜の擁立を画策していたが、五月一日にすでに紀州藩の徳川慶福が内定していた。これに加えて、江戸では大事件が持ち上がっていた。日米修好通商条約の調印を延期していたが、下田にいたハリスが再度神奈川沿海に現れて条約調印を迫った。四月に大老に就任した井伊直弼は天皇の勅許を得ないままに、ハリスの強硬な態度に押し切られて六月一九日に調印することになった。

これに対して、水戸の徳川斉昭・慶篤父子や尾張の徳川慶恕《よしくみ》とともに春嶽は「推参登城」して大老の井伊直弼に違勅問題を追及するとともに、将軍継嗣問題の再考を要求した。幕府は四人の不時の登城を許し難き暴挙と見なし、七月五日徳川斉昭・慶篤父子及び春嶽に隠居謹慎を命じた。越前の家督は分家の越後糸魚川藩の松平直廉（茂昭）が継ぐことに決定した。

この一連の出来事を小楠は熊本の肥後三横井家の横井牛右衛門・久右衛門に「去る五日越公御隠居仰せ付けられ、誠に以未曽有の大変事言語に絶候」（安政五年七月一六日、『遺稿篇』二六三頁）と伝え、春嶽が隠居を命じられたほかにも、「一橋公御登城御差留御叱、尾張公御隠居御慎、水戸中納言殿御登城御差留御叱、前中納言殿御閑居駒込の邸に御移住仰せ付けられ」（同前二六四頁）というように詳しく報告している。小楠は幕府の処分の罪名は「御召之れ無き御登城」ということであるが、本質は将軍の継嗣問題と違勅問題にあると述べている。すなわち、血統をひく紀州の慶福は一三歳の「幼弱」であり、外圧が日本を揺るがしている時節においては、年長で「非常の賢明」である一橋慶喜が相応しく、京都朝廷も一橋慶喜を推挙していると、慶福に決定した既定路線の再考を迫ったことと、天皇の勅許を得ずにアメリカとの修好通商条約の締結した事を大老の井伊直弼に詰問したことによると説明している。

春嶽失脚の余波

こうした状況において、小楠が熊本に帰国してしまうのではないかと恐れた福井藩から「今昼執政松平主馬小生旅館に参り此節の大変に因ては帰国の所存も御座有る可、しかる処是迄厚き示教に預り一統人心も居り合候事に就き是非共到留此上の世話仕り呉候様」(同前二六六頁)との説得があったと記している。小楠はこうした状況においてこそ「御用に相立候儀は如何にも相勤め申可段返答に及び申し候」(同前)と越前に留まる決意をしたと述べている。

村田氏寿から橋本左内に宛てた手紙では「先生今般の御儀には帰郷致され度趣申し出され、然し去住の儀は御評議の御都合次第に任せ奉るべく申し出され」(『伝記篇』四五五頁)とあり、藩主が隠居した以上は、熊本に帰郷するのが筋であるが、それは福井藩が評議して決める事であるということになり、形としては福井藩の総意として留まって欲しいという申し入れとなった。一方、熊本では小楠の「不細工」からこのような大事件がおきたという「風説虚談」があるので、福井に同行していた河瀬典次を帰郷させたと村田は橋本左内に伝えている。

春嶽の失脚という大変事を契機に、明道館での小楠に対する信頼は却って高まりを見せた。小楠の様子を藩士の林矢五郎は次のように記している。

明道館模様相変儀も御座無く候。横井先生毎朝登館会読も之れ有り此の上無く面白き事に御座候。非常の先生と存じ奉り候。此の人到来は御国の大幸此の上無き事と存じ奉り候。

（同前四五八頁）

小楠は元田永孚に次のように語っている。春嶽の隠居以前は「越前一国の順境」であったが、小楠にとっては「逆境」と言えるものであった。ところが、春嶽の隠居後は越前の逆境となったが、小楠には順境となった。また、この大変事以前は人心が定まらなかったが、大変事以後は「人心の帰向初めて一致致し」（「北越土産」『伝記篇』九一六頁）と述べている。小楠自身も実弟の永嶺仁十郎に、「近日来は執政初め中々勃興致し、日夜講習前日よりも一段の盛大に相成り、面白き勢いに御座候。拙宅にて熊沢集義和書の会相始め、執政諸有司其外も参り種々討論何時も鶏鳴迄は咄合申候」（安政五年八月八日、『遺稿篇』二七〇頁）と、明道館での講義や小楠宅での会読が盛んになった様子を知らせている。小楠にとっては正に持論の学政一致の条件が整う「順境」であった。しかし、福井藩のすべての人々が小楠を歓迎していたわけではなかった。福井藩では春嶽が天保九年（一八三八）に藩主の座に就き、天保十四年（一八四三）に越前に入国すると矢継ぎ早に厳しい節倹令を出し、門地門閥を超えて能力による積極的な人材登用策を推進して藩政改革を断行した。これに反発する勢力も存在していた。小楠の招聘もこうした一連の改革路線上にあったところから、表立った反対はなかったが、「西より来て諸人をまどはす物は、成仏しそこなった亡者と横井」というような落文が書かれたりした。

実弟の死

そうした中で、九月に小楠に実弟で永嶺家の養子となっていた永嶺仁十郎が急逝したという訃報が届いた。ついで、熊本から門弟の竹崎律次郎が福井を訪れ熊本の状況を説明した。弟の逝去と同時に、年老いた母への思いが募り、帰郷願を出したが、福井藩と熊本藩の間に小楠借り受けの期間延長の交渉もあり、すぐに帰郷ということにはならなかった。熊本に帰っていた河瀬典次も再び福井に戻り、熊本藩から小楠の帰郷と借り受け延長の承認があったことを知らせたので、小楠は十二月十五日に福井を出発した。熊本から来た竹崎律次郎と河瀬典次、それに福井藩士の三岡石五郎（由利公正）、榊原幸八、平瀬儀作の五人が随行した。特に三岡は幕府財政の調査や物産の流通に関心を持ち、「積極貿易論」の推進を主張していた人物である。同行中に小楠は食後幾度となく三岡を呼び、議論は深夜まで及ぶことがあったと、後年に由利公正（三岡石五郎）は回顧している。

4　藩政改革と富国策

福井藩の近代化

熊本に帰郷した小楠は、元田永孚をはじめ友人や親戚などの歓待を受け、沼山津で英気を養った。安政六年（一八五九）四月の下旬に熊本を出発して五月二〇日に福井城下に到着した。小楠の帰着を待ちわびていたかのように、昼夜を問わず多くの人が押し寄せ、深夜一二時前に就寝することは稀で、午前二時に至ることもあると国元の母親に書き送っている。

福井藩ではペリーの来航以来、三岡石五郎や橋本左内を中心に、洋式銃砲製造所や洋書習学所など様々な改革が行われていた。中でも左内の貿易による富国論は小楠によって更なる発展を見せる。三岡が小楠の帰郷に同行したことは既に述べたが、下関で小楠一行と別れ、年明けに沼山津を訪問して二カ月余り熊本の物産流通に関する調査を行っている。その後、長崎で福井藩の御用達小曾根乾堂の斡旋により越前蔵屋敷建設のために土地一町歩（三千坪）を買い求め、オランダ商館と越前の生糸・醤油その他の物産の販売契約を結んだ。三岡はこうした殖産事業のための資金として五万両の調達を勘定奉行長谷部甚平に依頼していたが、福井に戻ると調達が難航していた。小楠の仲介により藩札を発行することで資金の問題は解決した。そこで三岡は藩内の有力な商人や「年寄」格の町人の指導者を招集して殖産事業の説明をした。また、各村を回って大庄屋や村落の指導的な立場にあった老農たちに殖産事業とその後の展開を説明し、安政六年（一八五九）一〇月下旬に物産総会所の開設にこぎつけた（三上一夫『横

由利公正肖像写真

物産総会所の組織について、小楠は次のように説明している。

大問屋と云役所を建て何品によらず民間職業の物をかひ上がる、其役人は官府にては町奉行・勘定奉行・郡奉行・製産方当時専三岡主として取斗ふ、其下役を本しめ役と云ふ、是は国中町・在豪の者に申付(当時拾人追々増員の筈)此本しめ役の下に町・在にて然るべき人物を撰びて五十人斗を付て領内を打廻り、職業の品を買ひ或ひは其本入等の世話致さしむ、尤買入候品は諸方にてさばき候こと大切にて是又右の役人より国々にも出して取り計ふ事也

(「荻角兵衛・元田伝之丞」文久元年、『遺稿篇』三四八頁)

大問屋(物産総会所)は三岡を中心に三奉行の役人と元締めと呼ばれる町方や在村の豪商や豪農ら一〇人によって構成され、元締め役の下に町方・在村から選ばれた五〇人の人たちが領内の物産の買い付けや殖産の世話をするというというのである。元締めは「日夜問屋に出勤官府役人と討論講習、総て民間立行の事」というように、役人と民間がともに議論することによって「上の仁心下に通じ下の良心上に通じ」て上下一致の体制が生み出されたと小楠は評価した。これまでのように、官が厳しい年貢を取り立てるという旧習が無くなり「只々上よりは下の富を楽しみ下の貧を憂る元来の心と相成候て、下又是迄疑惑不信の心解候て上を信ずる本心と相成候」というような「三代の心」が官民ともに芽生えてくると記している。

福井藩の殖産政策は生糸の養蚕事業の他にも茶や麻などに及び、日本国内や海外に輸出した物産の総額は文久元年（一八六一）には一年に三百万両に達し、藩の金庫には常に五十万両の正貨が貯蓄されるようになった。

小楠の学問の成果

小楠は、福井藩における経済改革を通して「平生学ぶ所信ずる所此藩にて聊行ひ候次第前条の通りにて三年の今日に至り此道聊一藩に行れ候事に相成り、彌益此学の真切なる堯舜の盛大なる天地の間此道を知らざるは決して家国を治る能ずの実症を合点仕候」（同前）というように、小楠の学問が福井で実証されたと述べている。同時に、ここで小楠の学問観が大きく転回するのである。

孔子は堯舜を祖述文武を建章し天地の時に随ひ成され候。孟子も孔子に私淑し孔子の学び玉ふ通りに学ばれ候。程朱も同断。然るに孔孟程朱を学と云へば孔孟程朱の言行の迹をしらべて、是が道の是が学のと心得たるは孔孟程朱の奴隷と云ものにて唐も日本も同一般の学者の痼疾にて遂に一人の真才之れ無き所以悲しむべき事ならず哉。（同前）

これまでの「孔孟の学」や「程朱の学」を学ぶ学問の在り方を相対化し、倫理の実現としての実学を確信したというのである。

かつて小楠は「時務策」で藩の専売制度を批判し、民間の経済活動の活性化を唱え、民間の自由な経済活動を推奨したが、福井藩では民間の自由な経済活動を推進するだけではなく、橋本左内や三岡石五郎などが構想した、藩内の殖産事業を奨励し、物産を流通過程に載せて、藩や国家を超えて利益を外から得る「積極貿易論」に「三代の道」の具現化を見たのである。小楠の体制改革構想を描いた『国是三論』は、こうした福井藩の藩政改革を通して成立したものに他ならない。

第十一章　幕藩体制の改革構想

1　熊本と福井の往来

近しい人の死

安政六年（一八五九）は小楠にとって多忙な一年であった。前年に実弟の永嶺仁十郎を亡くし熊本に帰郷したが四月に再度福井に赴いた。この年には小楠ゆかりの人物の三人の訃報があった。一人はかつて、実学研究会で共に学び、時習館改革を目指した長岡監物（米田是容）である。「然ば八月十日に候哉監物殿死去致され候段申参り誠に驚絶仕候」と監物の訃報を聞き、小楠は大変驚き、かつてともに学んだ下津久也・荻角兵衛に次のように書き送っている。

小生事御案内の通り近年間違に相成り候儀唯々意見の相違にて其末は色々行き違いに相成り、時としては何やらん不平の心も起り候へ共全体にては旧相識の情態相替申様も之れ無く、平生の心は依然たる旧交したはしき思いを起し候事は彼方も同然たるべきかと存ぜられ候。況や千里の客居にて此凶事承り、覚えず旧情満懐いたし、是迄間違の事共総て消亡、唯々昔なつかしく、思はれざる心地に相成落涙感嘆仕候。

（「下津久也・荻角兵衛へ」安政六年一〇月一五日、『遺稿篇』三〇三頁）

小楠と長岡監物の絶交に関しては既に見てきた通りであるが、監物の訃報を聞き、意見の相違から行き違いが生まれ、時には不平の心も抱いたが、平生には過去の交友を懐かしみ、監物もおなじ心持であったと記している。さらに、熊本から遠く離れて福井の客舎に居て、この悲しい知らせを聞き、これまでの仲違いもすべて消え去り、唯々昔を懐かしむだけであると、心の内を吐露している。この手紙には往事の監物との旧交を懐かしむとともに、小楠の後悔の念を読み取ることができる。

これと時を同じくして橋本左内の訃報が届いた。左内は京都で将軍継嗣問題等について画策していたが、前年の春嶽の隠居の件に関しても春嶽に懸けられた嫌疑を晴らすために江戸で奔走していた。小楠は「越前は昨春橋本左内上京いたし候迄にて、其以来江戸邸よりも御国許よりも一切京師に懸り合之れ無き故、降勅一件に関係いたし申さず候。其段は漸々明白、幕府もよ程疑惑解申候由、橋本も都合三度呼出し之れ有る迄にて何の御模様も之れ無く、是は遠からず無事に相成り申すべく候」（「嘉悦市太郎へ」安政六年五月二二日、『遺稿篇』二八一頁）と楽観視していたが、一〇月二日に捕縛され伝馬町の獄舎に繋がれ、七日に処刑された。この情報が何時頃小楠に届いたか不明である。また小楠が左

郵便はがき

6078790

(受取人)
京都市山科区
日ノ岡堤谷町1番地

㈱ミネルヴァ書房
ミネルヴァ日本評伝選編集部 行

◆以下のアンケートにお答え下さい。

＊ お求めの書店名

＿＿＿＿＿＿市区町村＿＿＿＿＿＿＿＿＿＿書店

＊ この本をどのようにしてお知りになりましたか？ 以下の中から選び、3つまで○をお付け下さい。

A.広告(　　　　)を見て　B.店頭で見て　C.知人･友人の薦め
D.図書館で借りて　E.ミネルヴァ書房図書目録　F.ミネルヴァ通信
G.書評(　　　　)を見て　H.講演会など　I.テレビ・ラジオ
J.出版ダイジェスト　K.これから出る本　L.他の本を読んで
M.DM　N.ホームページ(　　　　　　　　)を見て
O.書店の案内で　P.その他(　　　　　　　　)

＊新刊案内（DM）不要の方は×をつけて下さい。 □

ミネルヴァ日本評伝選愛読者カード

書 名　お買上の本のタイトルをご記入下さい。

◆上記の本に関するご感想、またはご意見・ご希望などをお書き下さい。
「ミネルヴァ通信」での採用分には図書券を贈呈いたします。

◆あなたがこの本を購入された理由に○をお付け下さい。(いくつでも可)
A.人物に興味・関心がある　B.著者のファン　C.時代に興味・関心がある
D.分野(ex. 芸術、政治)に興味・関心がある　E.評伝に興味・関心がある
F.その他（　　　　　　　　　　　　　　　　　　　　　　　　　）

◆今後、とりあげてほしい人物・執筆してほしい著者(できればその理由も)

〒 ご住所	Tel（　　　）	
お名前《ふりがな》	年齢　　歳	性別　男・女
ご職業・学校名 （所属・専門）		
Eメール		

ミネルヴァ書房ホームページ　http://www.minervashobo.co.jp/

内の死をいかに受け止めたかについても詳細は分からない。

一二月に矢島源助が福井にきて小楠の母親の病状が思わしくない旨を伝えたので、福井藩の許可を得て一二月五日に福井を発ったが、母親は一一月二九日に既に沼山津で亡くなっていた。小楠の母の訃報を聞いた春嶽は「小楠堂老母終に物故に及び候由驚き入り候。生前の対面も相叶わず遺憾如何斗と遙察致し候得ば、只々気の毒至極にて候」（『伝記篇』五一一頁）と藩主の茂昭に書状をおくり、「心付の儀」を遣わすように指示している。春嶽の小楠に対する思いを知ることができる。

戊午の密勅

安政七年（一八六〇）三月、小楠は三度福井に入国した。福井に到着してから一カ月もたたない頃、小楠は熊本の社中に向けて、幕府をめぐる中央政局の状況について、長文の手紙を書いている。押掛登城の結果、徳川斉昭や春嶽に隠居の処分が下された翌月、孝明天皇から水戸藩に勅諚が下された、いわゆる「戊午《ぼご》の密勅《みっちょく》」に端を発した一連の動きを報告している。それによれば、水戸藩・薩摩藩・福井藩ら将軍継嗣問題で一橋慶喜を推す諸藩有志は朝廷内の一橋派を動かし、幕府を仲介せずに直接水戸藩に勅書を下させることに成功した。この密勅によれば井伊直弼の違勅条約調印をはじめ斉昭や春嶽への処罰を批判し、幕閣や御三家を含めた諸大名との協議と密勅の諸藩への廻達を命じている。しかし、幕府は水戸藩に密勅の廻達を禁じると、藩内では尊攘派と慎重派に二分された。

安政六年（一八五九）一二月に幕府は京都朝廷に圧力をかけて密勅の返納を命じる沙汰書を出させた。水戸藩では直接朝廷に返納することに決定したが、尊攘派は実力でこれを阻止しようとした。勅書返納に反対する高橋多一郎らの水戸藩士は安政七年の正月に薩摩藩の有志と盟約を結び、井伊直弼の襲撃と横浜の外国人商館の焼き討ちを計画した。そして、三月三日に桜田門外において登城してきた井伊直弼を襲撃するという事件を起こした。この桜田門外の変以後、小楠は「江都大変後今に御裁断相成らず候」と述べているように、幕府の統制力も弱まり、雄藩による公武合体運動や尊王攘夷運動も新たな局面に差しかかり、翌年の一二月にこの密勅は諸藩に廻達された。

春嶽の「指示書」

この頃、福井藩において、万延元年（一八六〇）一〇月に江戸の春嶽と福井藩との間である事件が持ち上がっていた。福井藩の重臣の評議を経て藩主茂昭も承認した藩の「役替」の人事を江戸の春嶽に報告したところ、春嶽より「指図書」が届いたことに端を発している。藩の重臣たちは春嶽の側近であった中根雪江が「内訴」したものと疑い、その背後にいる小楠を詰問するために小楠の居館に押しかけた。小楠はこの辺りの事情について次のように記している。

小生罷越《まかりこし》てより四年に至り去初冬迄は人心各々に分脈いたし陰嶮智術《いんけんちじゅつ》に落入候を主として心配致し候処、当夏以来漸々開明各々心術の上に心を盡し候勢にて十月十五日大議論と相成り十分の地位に押しつめ候処（此次第は筆には盡されず候）昼夜の如く打ち替わり、執政初盡く落涙にむせび十分の開明と相成り申し候。直様《すぐさま》執政一人目付一人江戸へ出府、中将公に積年以来君臣否塞の次第言上に及び、臣は君に御断を申上君は臣に過を謝せられ自然に良心の礼譲感発致し、靄然《あいぜん》たる春風窮陰《きゅういん》積雪の中に発動致し、去月二十五日両人帰国致し候。この事情自然と国中に風動致し、彼の俗論抔《など》も何となく消融致し候。

（「荻角兵衛・元田傅之丞」文久元年正月四日、『遺稿篇』三四八頁）

小楠が福井に来てから、四年になるが、最初は藩内で様々な朋党が生まれ、それぞれが権謀術策をめぐらして対立する状況にあった。小楠は誠意を尽くして対応してきたが、一〇月一五日に、小楠は押しかけてきた藩の重役連中を相手に、懇々と諭し、日頃の持論を述べて説得に努めたところ、理解され、重役連中は江戸の春嶽に使者を送って積年の無礼を詫びてこの事件は落着したと述べている。この事件を契機に、福井藩ではより強固な一体感が生まれ、小楠の意見も受け入れられるようになったと報告している。

2　「国是三論」と幕府批判

「国是三論」の成立時期

小楠と福井藩を取り巻く状況の大きな変化の中で、小楠は『国是三論』を書きあげた。「国是三論」の成立時期については、これまで万延元年三月と考えられてきたが、文久元年（一八六一）正月四日に荻角兵衛と元田伝之丞に宛てた手紙の中に、福井藩では一〇月一五日に小楠に批判的な重臣たちと小楠の間で大議論が起こり、徹底した討論の結果、藩論が一致して、「初て国是と云ふもの相立ち申し候」と書いている。これに続いて「扨国是三論出来、一は富国一は

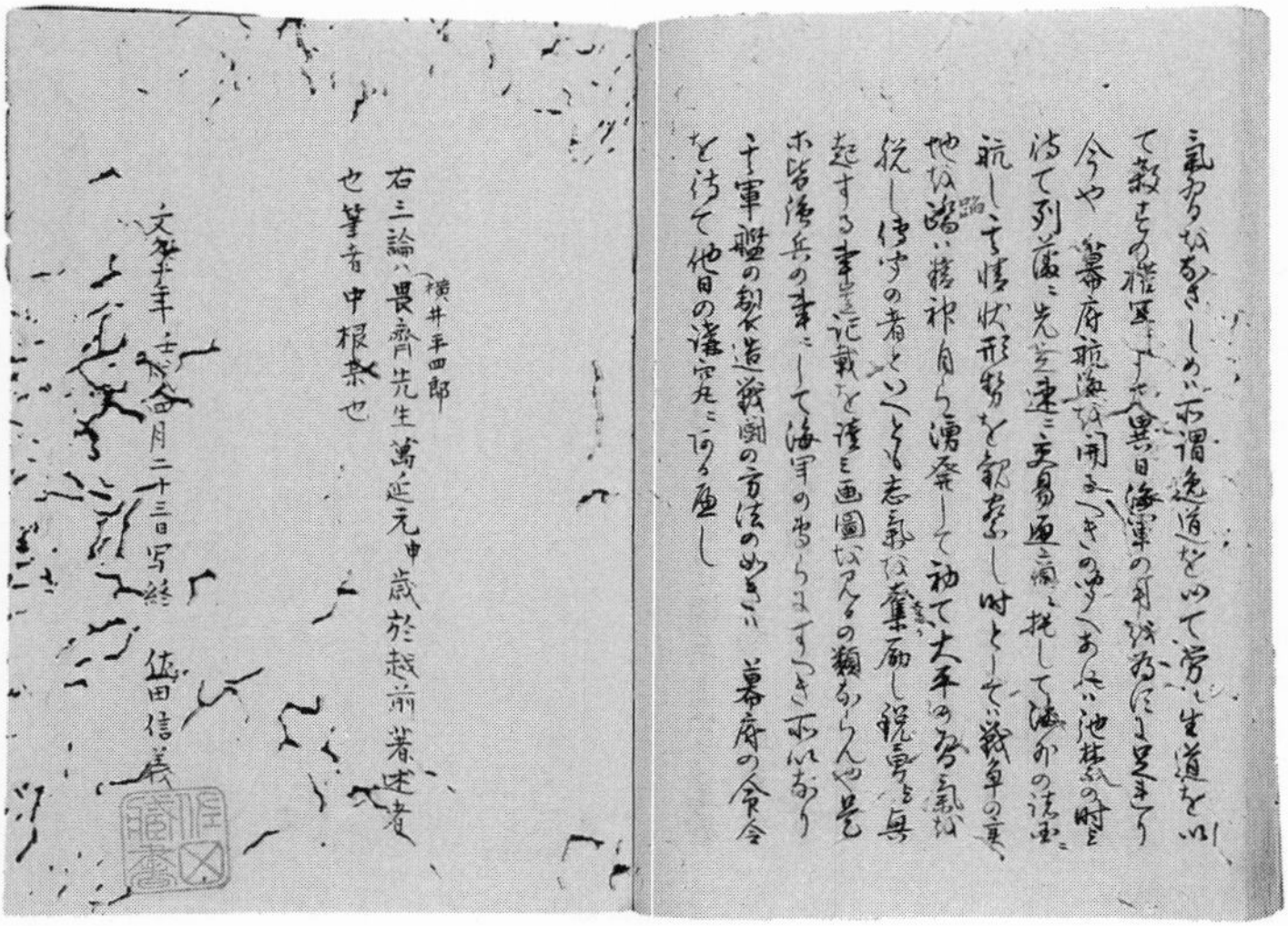

小楠筆「国是三論」写

強兵一は士道、此三論を以て一国を経綸する土台に立」（『遺稿篇』三四八頁）たと述べている。ここから、「国是三論」の成立は、松浦玲が指摘したように、万延元年の一〇月以降と考えるほうが自然である。

開国の害・鎖国の害

「国是三論」は「学校問答書」と同じく問答形式になっている。「富国論」では、冒頭に開国の是非について論じている。開国交易の害として小楠は次の五つを指摘している。一つ目の害は、「有用を以て無用に易ふ」こと。二つ目の害は有用の物が不足して「我が用を欠く」ということ。三つ目の害は、これに伴って有用の物価が騰貴すること。四つ目の害は、利を得るのは少数の商人で害は全国に及ぼすこと。五つ目の害は、有用のものを出して金銀に換えても、金銀は従来から不足して困る事が無いので、有用なものが減少するということというように、五つの害を挙げて交易によって物価が騰貴して四民が被害を蒙る現状を指摘している。

また、小楠は鎖国の害については次のように言及している。乱世から天下泰平の世の中に移るに従って、諸大名の生活も贅沢になり、参勤交代などで収入に比べて出費が多くなってきた。やがて諸藩では困窮して「諸士の俸禄を借り豪農豪商を絞り細民の膏血を吸」う状態となり、上下の心が離反するようになってしまったというのである。また世界中が航海の自由を得て万国が隣のように交易する中で、日本だけが鎖国を堅持すれば外国の攻撃を受ける恐れがあり、それを防御できる国力もない現状である。これが鎖国の大きな害であると小楠は指摘している。交易の害と鎖国の害を克服するために小楠は次のような視点に立つべきであると提案している。

天地の気運と万国の形勢は人為を以て私する事を得ざれば、日本一国の私を以て鎖閉することは勿論、たとひ交易を開きても鎖国の見を以て開く故開閉共に形のごとき弊害ありて長久の安全を得がたし。されば天地の気運に乗じ万国の事情に随《したが》ひ、公共の道を以て天下に経綸せば万方無《ばんほうむ》碍《がい》にして今日の憂る所は憂るに足らざるに至るべき也。

（「国是三論」『遺稿篇』三二頁）

小楠は開国の在り方を考えると同時に日本の封建体制そのものについても考えるべきであるとして、

次のように論じている。「万国を該談するの器量ありて始て日本国を治むべく、日本国を統攝《とうせつ》する器量有て始めて一国を治むべく、一国を管轄する器量ありて一職を治べきは当然なり」（同前）というように、世界情勢ふまえ、日本全体を視野に入れた上で一国（藩）の在り方を考える事が藩の役職にある者の務めであると述べている。具体的には民間に殖産を勧め、その資金も官より貸付け、物産を官が「民に益有りて官に損」のないように買い上げて、国内や外国との交易を通して利益を上げるという、ほぼ福井藩で実行された経済政策を挙げて説明している。また武士については、その特性に従って生産事業に従事させ、妻を娶り家庭を持たせるようにし、女性に養蚕の技術を教えれば、各自の富を得るのみならず、藩経済に裨益することも大きいと述べている。官の利益は民からではなく、外国との交易から得るというのが原則であった。

幕藩体制への批判

富国論の後半は、幕藩体制の政治について論を展開している。日本の政治が「西洋風」を善として、それを「国天下の法則」としてもいいのかという問題を敢えて立て、それに対してはこのように答えている。「政事といへるも別事ならず民を養ふが本体」であり、自然界にあらゆる「地力・人力」を加えて民の生活に役立てることが「自然の条理」である。ところが、武家政権が誕生して、諸侯が全国に割拠すると「生民を視る事艸芥《そうかい》の如し」というような状態が続いてきた。小楠の見る所によれば、徳川幕府の創成期においても「徳川御一家の基業盛大固定に心志を盡して曾《かつ》て天下生霊を以て念とする事なし」というように、徳川幕府も「御一家の私事を経営」することに専念し、諸侯もこれに倣ってしまった。また、幕府の政策も諸藩の勢力を削ぐために、参勤交代や社寺の造営などを命じて諸藩の疲弊と庶民の窮乏をかえりみず、「徳川御一家の便利私営にして絶て天下を安んじ庶民を子とするの政教あることなし」と、小楠は初めて徳川幕府の政治を批判しはじめる。

徳川家の政治を批判する一方で、アメリカの三つの政策の特質として、第一は「天意に則て宇内《うだい》の戦争を息るを以て努め」とする事、第二は「智識を世界万国に取りて、治教を裨益するを以て努め」とする事、第三は「全国の大統領の権柄《けんぺい》賢に譲て子に伝え」ない事を挙げている。また、イギリスは「政体一に民情に本づき、官の行ふ処は大小となく必悉民に議り、其便とする処に随て其好まざる処を強ひず」と述べ、官民一体の政治が行われていると述べている。この他にも、病院や幼児の施設、聾唖院《ろうあいん》などを挙げ「政教悉く倫理によって生民の為にするに急ならざるはなし、殆ど三代の治教に符合するに至る」と、「西洋風」の長所について述べているが、これらを日本の政治状況に照らしてみた時に、徳川幕府に対する厳しい政治批判としての意味をもってくる。

第二は「強兵論」である。冒頭に「日本孤島の防守は海軍に過ぎたる強兵はなし」というように、海軍の創設が重要だと主張する。小楠は世界各国が航海を通して植民地を増やしたり交易によって富を得たり、また利害の衝突から戦争を行うなど、世界の情勢をかなり詳しく述べて「海外の形勢此の如く日新月盛なるに、日本独り太平の安を偸んで、驕兵を駆て児戯に等しき操練を事とすとも何ぞ敵愾の用をかなすべき」と厳しく日本の現状をとらえている。特に、海軍を起こすとなると大船の建造の禁止など幕府の命令がなければ不可能な状況にある。そこで、一藩でできることは、「航海に志あるもの」に月俸を与え、海辺に居住させて漁船や商船に乗り込ませ、航海に馴れさせることを推奨している。

小楠の論点は、日本が海洋国家であり、世界の情勢は海によって繋がっているという認識をもつことが重要であるというところにあった。小楠は「其軍艦の製造・戦闘の方法の如きは、幕府の命令を待て他日の講究にあるべし」と述べているが、日本の国防という観点からみても幕府の存在は桎梏となり、より強固な統一国家の創出が必要となるのは必然であった。

武術は心法を磨く手段

最後に「士道」の章を設けている。小楠は先ず文武両道が二つに分かれていることを指摘する。学者は「武人の迂闊麁暴《うかつそぼう》にして用ふるに足らざるを鄙《いや》しめ、武人は「学者の高慢柔弱にして事に堪へざるを嘲」るようになったと説いている。小楠によれば、『書経』の大禹謨に舜帝の徳を称えて「乃聖乃神乃撫乃文」と書かれているように、「聖徳」が外に現れた「仁義剛柔」を形容して「文武」と表現するようになった。したがって「尚武の本意心術に在て技芸に非ざる所以」というように、小楠は文武一体論を主張する。しかし、「文武の本然心法に因る」ことを知らずに、学校において人材教育を文武両道に求めるという過ちを犯してしまっていると述べている。小楠は「武」について次のように説明している。

元来武は士道の本体なれば、己に克く其武士たるを知れば武士道をしらずしてはあるまじきを知り、其武士道を知らんと欲すれば綱常に本付き上は君父に事ふるより下は朋友に交るに至り家を齊へ国を治るの道を講究せざる事を得ず、已に其意をしれども是を事業に徴し其至当を得ざれば治教に補ひなきを以て自反・力行・精励・刻苦心法を練って是を一撃死生を決するの技術に験し、百折千磨且練り且試み、他とひ天地反復の変乱に処しても一心静定士道を執て差錯ならん事を欲す。

（「国是三論」『遺稿篇』五三頁）

文武は「心法」に基づくということにおいて一体であると小楠は主張する。武術はその心法を磨く手段に過ぎなかった。人君にとっての武士道とは四民の上にあって「慈愛・恭倹・公明・正大の心を操つて是を古聖賢に質是を武備に練り、是を聖教に施すに性情に本づき彝倫《いりん》により至誠惻怛《しせいそくたん》を以て臣僚を率い黎庶を治」むことであり、家老や藩の重臣にとっては「人君の心を体して憂国愛君の誠を立て、驕倣の私に克ち節倹の徳を修め心志を苦しめ体膚を労し艱難に屈せず危険に懼れず力を盡し身を致」し、身をもって衆に先んじて「人君の盛意を奉行」することであると述べている。諸有司は君相の意を受けて「敢えて已我《いが》の念を挟まず、忠誠無二俛焉として各力を其職分に盡し廉介正直共に士道を執て其僚属を奨励し公に奉じ下を治」というように、政治に関わる主体としての自己形成が武士道に他ならなかった。結局、小楠にとって武士道とは「三代の治道」を実践する主体の形成を意味するのであった。

3　小楠の江戸出府

江戸に在府中の前藩主春嶽と福井藩の国元で人事に関する行き違いが起きて、小楠が仲介して問題の解決をみたことは既に見てきた通りである。春嶽は小楠を江戸に招聘することを強く願っていたので、新藩主茂昭の江戸在勤が決まったのを契機に、熊本藩に小楠出府の願い書を提出した。それによれば、茂昭が参府の間も小楠について修行したいという希望があり、小楠を招聘した春嶽もまだ一度も小楠とは対面していないこともあって、小楠の出府の許可を認めてほしいという内容である。

江戸への意気込み

熊本藩では小楠の長期にわたる滞留は好ましくないとしながらも、これを許可した。小楠は熊本の友人の荻角兵衛にその意気込みを次のように伝えている。

私も東行の命を蒙《こうむ》り来月廿日前後に此許発程の筈に御座候。此度は中将様（春嶽）厚き思召にて出府仕り候に付、此公御心術一変の場合尤以肝要の儀に之れ有り候。此上は此公御心術の正不正に拘り此国の治不治に関係、扨々大事の至りに御座候。然し此節は十分都合宜敷事と存ぜられ申候。

（「荻角兵衛へ」文久元年二月二五日、『遺稿篇』三五四頁）

春嶽が水戸学に傾倒していたことを指摘して「江戸表は水府党類の為に何も心魂を奪われ、他の事に及び申さず候。水府の学問天下の大害を為し、扨々言語を絶つと申し候」と小楠は水戸学に対しては厳しく批判している。福井においては水戸学の影響を一掃したので次は春嶽に水戸学から脱して「心術の正不正」を正すように進言する事が重要と書き送っている。

再び江戸へ

四月の中旬に江戸に到着した小楠を待ちかねていたように、春嶽は面会の機会を設けている。浦賀に在勤していた横井牛右衛門に宛てた文久元年四月一九日付の手紙では、到着後の様子を「中将様へは日夜罷り出で様々御咄合の中尤学術の要領至極に御了会成され、御父子様幷に執政御一座の御咄合も既に四度に及び、毎九ツ頃より暮に入り父子君臣誠に家人の寄合の如くに之れ有り面白き成り行に御座候」（『遺稿篇』三五七頁）と伝えている。

春嶽だけではなく新藩主の茂昭をはじめ江戸藩邸の重役たちも講義に参加し、小楠が主張する「学政一致」の状況が出現した。

江戸に出た小楠は春嶽や茂昭から好待遇を受け、かつ「東北共に何の申分も之れ無く、誠に平治に相成り申し候」というように、福井も江戸藩邸も順調に事が進んでいると熊本の門弟に報告している。さらに、国内問題として、文久元年（一八六一）五月二八日の夜に攘夷派の水戸藩浪士がイギリス公使オールコックらを襲ったいわゆる東禅寺事件後、攘夷派の浪士による刺客や夜討が流行していることに対し、小楠はこれ等の無法が罷り通る事は幕府の治道が行われていないということになるので、厳しく取り締まる必要があると述べている。さらに、同じく文久元年に一時ロシアの軍艦が対馬を占領するという事件が起きた。小楠はこれを「独り日本の大患と申す迄にて之れ無く世界の大患とも相成り申すべく候」と述べて注目している。小楠によれば、ロシアは黒竜江に基地を設けているが九月になると海水が凍り、航行できないので対馬を手に入れたいと考えていた。しかし、イギリスやフランスも対馬の借用を求めてきたが何れも日本は断ったので、ロシアとイギリスの戦争が起こる可能性もあり、「深く恐るべきは対州一条にて之れ有り候」と報告している。小楠は日本が国際紛争に巻き込まれる可能性があると考えたのである。

江戸から熊本へ帰郷

小楠は福井滞在中から熊本での新居の購入など、気になることもあり、春嶽に熊本帰郷の願いを申し出ていた。帰郷が許されると、小楠は福井の「誠の書生」を四〜五人連れ戻るから、布団や日常生活に必要なものを揃えておくようにとの細かい指示を熊本の家族に書き送っている。

江戸を去るにあたって、小楠は勝海舟に別れの挨拶に出向く日時と、海舟がアメリカから持ち帰った「小刀」を贈られた事に対する謝辞を述べた手紙を送っている（「勝海舟へ」文久元年八月一四日、『遺稿篇』三七〇頁）が、その三日後に訪問して別れを述べる約束をした日に風邪で行けなかったと断りの手紙を出している。この二通の手紙から、小楠と海舟のかなり深い交流が見てとれる。

八月二〇日に江戸を発ち、途中福井に立ち寄って残務をかたずけ、七名の書生を連れて一〇月一九日に沼山津に到着した。帰郷にあたって、小楠は春嶽や茂昭、及び春嶽夫人から「伝来の名刀」や鞍・鐙・紋付時服などを拝領している。

小楠が江戸を発って間もない九月四日に、春嶽と茂昭は江戸の熊本藩邸に小楠の再度の招聘を依頼する書簡を送っている。春嶽は九月二三日付けの手紙で「先生御登路御一時寂々寥々に御座候。別て雨中抔には無聊《いささかもなく》、日々写真鏡を開き接顔の心地にて万事北地の事而巳《のみ》遙に想い罷り在り候」（『伝記篇』五三九頁）と書き送っている。熊本藩では不遇な状況に置かれた小楠ではあったが、春嶽・茂昭からは師弟の礼をもって迎えられ、小楠は君臣の礼を以て仕えるという関係が成立していた。

熊本に帰郷した小楠は、小楠堂での講義や来客の応対で多忙な日々を過ごしていたが、暇を見つけては小楠の趣味である狩猟を楽しんでいた。沼山津は雁や鴨が飛来し、藩主の放鷹地として禁猟地帯となっている場所があった。小楠は弾を込めた鉄砲を処分する意味で発砲したところを咎められ「傍示犯禁」の罪に問われた。小楠が進退伺を出したのと時を同じくして江戸の熊本藩邸から、春嶽の小楠招聘に関する依頼状が届いた。熊本藩としては小楠に関する事の顚末を述べて小楠の招聘については消極的であったが、小楠の「身分取扱」が済んで、差支えがなければ招聘に応じる事になるとの内容を返答した。小楠は結局大きな咎を受ける事もなくしばらくの謹慎で事が済んだ。

4　文久二年の政変

島津久光の動き　小楠が熊本に帰郷中の文久二年（一八六二）に実学党以来の学友の荻角兵衛（昌国）が自殺したという一報が届いた。事の真相は不明であるが、小楠は大きな喪失感に襲われた。しかし、親友の死を悼み、往事を懐かしんでいる暇もなく、小楠は九州諸藩の動きに目を転じた。三月二三日に薩摩の島津久光は五百の兵を率いて熊本を通過して京都に向った。小楠は福井藩から同行した「書生」を福井に戻して九州の状況を報告させるとともに、春嶽に宛てた次のような建白書を持ち帰らせた。

「京師より、密勅を下され、幕廷の非政を仰せ立てられ、干戈を起こせられ候仰言御座候へ共、誠に一大事の御所置と存じ奉り候」（「藩主に呈する書」文久二年、『遺稿篇』八五頁）と事の重大性を述べるとともに、諸藩、とりわけ親藩の福井藩のとるべき立場としては「干戈を起こされ候事は方今の勢決して然るべからず、其上列侯に於ては君臣の大義犯すべからざるのみならず、越州は親藩にて、幕廷に向かひ弓矢を取候は天地飜候ても相い成り難き道理分明にて仰せ上げらる事に存じ奉り候」（同前）というように、兵を挙げて幕府に迫る事はすべきでないと述べている。幕府に対しては「京師に御恭順遊ばされ、決して危迫の御処置之れ無き様、其上仰せ立てられ候非政の稜々は速に御改正成さるべく次第明白言上に及ばれ候御事と存じ奉り候」（同前八六頁）と、京都朝廷に恭順の意を示し、幕府改革に着手すべき事を幕府に進言するという内容のものであった。もし幕府に聞き入れらず、京都に兵を起こすようなことがあれば、それは「天地滅却の時」であり、「臣子不幸の大変」であると領地を差し上げる覚悟が必要と述べ、「是則ち仁の至り、義の盡る処にて、天地の間の大義始めて相立申すべく候」と結んでいる。目先の危機回避ではなく、小楠は何が正義であり公平であるのか、この一点を実践すべきであると主張した。

桜田門外の変

天皇の勅許を得ないままにアメリカをはじめ西洋列強と条約を締結し、安政の大獄で多くの尊王攘夷派の志士を粛正した井伊直弼が万延元年（一八六〇）桜田門外において水戸の浪士に襲撃されて絶命したことは既に見てきた通りである。引き続いて老中に留任した安藤信正は時局を打開するために公武合体策を打ち出し、孝明天皇の妹である和宮を将軍家茂に嫁がせる、いわゆる和宮降嫁を提案した。和宮はすでに婚約中であったが、岩倉具視らが公家の発言権を高める好機と考えて天皇に進言した。この動きに対して、尊王攘夷派は幕政改革を唱えて文久二年（一八六二）一月、坂下門外で安藤信正を襲撃した。安藤は一命をとりとめたが四月に老中を罷免となった。この事件を契機に、幕府の権威が失墜し、幕府改革の機運が高まった。

岩倉具視肖像写真

島津久光は京都に入り幕政改革を要求する勅使の派遣を提案した。朝議の結果、大原重徳を勅使として久光とともに、江戸に下すことになった。六月一〇日に一行は次のような三事策の勅命を伝達した。

一、将軍は大小名を率いて上洛し、国家を治め夷戎《いじゅう》を攘《はら》ふを議すべし

二、豊太閤の故典により沿海の大藩五国（東に伊達、西に島津、南に山内、北に前田、中国に

毛利）をして五大老を称せしめ、国政を諮決《しけつ》し、夷戎防御の処置をなさしむべし

三、一橋刑部卿（慶喜）をして将軍を援《たす》け、越前前中将（春嶽）を大老職に任じ幕府内外の政を補佐せしむべし。

（『伝記篇』五六二頁）

幕府ではこれに先立ち、四月二五日付で慶喜や春嶽を赦免し、春嶽に対しては政務参与に任じ、政治復帰の道を開いたが、慶喜については難色を示した。春嶽の大老就任に関しては、大老は譜代大名が就任する職名であり、親藩の松平家には相応しくないとの反対論もあり、大老の権限を持った政治総裁職とする事が認められた。また、春嶽は慶喜の登用を老中に強く申し入れたが聞き入れられなかったため、病気と称して藩邸に閉じこもってしまった。越前江戸藩邸では、春嶽の進退は小楠の助言の上で決定することにして、急遽小楠を江戸に呼び寄せることになった。

これより少し前の五月二三日付で、熊本藩では小楠の組頭に「其方組横井平四郎儀松平越前守様より御頼談《おんらいだん》の筋之れ有り、用意済次第福井へ差し越され候条、此段達らるべく候。以上」（同前五五九頁）という沙汰がくだり、小楠は六月の初旬に熊本を出発して福井に向かった。すでに五月には福井から三岡石五郎（由利公正）が熊本まで迎えに来ていた。今回は甥の大平と門下生の内藤泰吉など七人が随伴した。小楠一行が福井に入る直前に、江戸からの使者が待ち受け、江戸に直行することになった。

第十二章　正義と公共の政治

1 「国是七条」と幕政改革

小楠は文久二年（一八六二）七月六日に霊岸島《れいがんとう》の福井藩江戸藩邸に到着した。春嶽は勅使大原重徳が持参した幕府改革に関する勅命が暗礁に乗り上げている状況を説明し、藩邸に引きこもった経緯を小楠に説明した。小楠は春嶽に政治総裁職を引き受け、「幕府の私を捨てられ、是迄の御非政を改められ候様御十分に仰せ立てられ、其御論の通塞により御進退を御決に相成然る可し」（『伝記篇』五六六頁）というように、まず、堂々と幕府の「私」による政治を改革するように主張してから進退を決めればよいと進言し、春嶽も小楠の忠告を受け入れた。

改革方針七か条

春嶽の登城に先立ち、小楠は福井藩の側用人中根雪江と共に大久保忠寛（一翁）に面会して、諸大名を苦しめている参勤交代を取りやめて述職とし、江戸藩邸に住まいしている妻子を国元に戻す事な

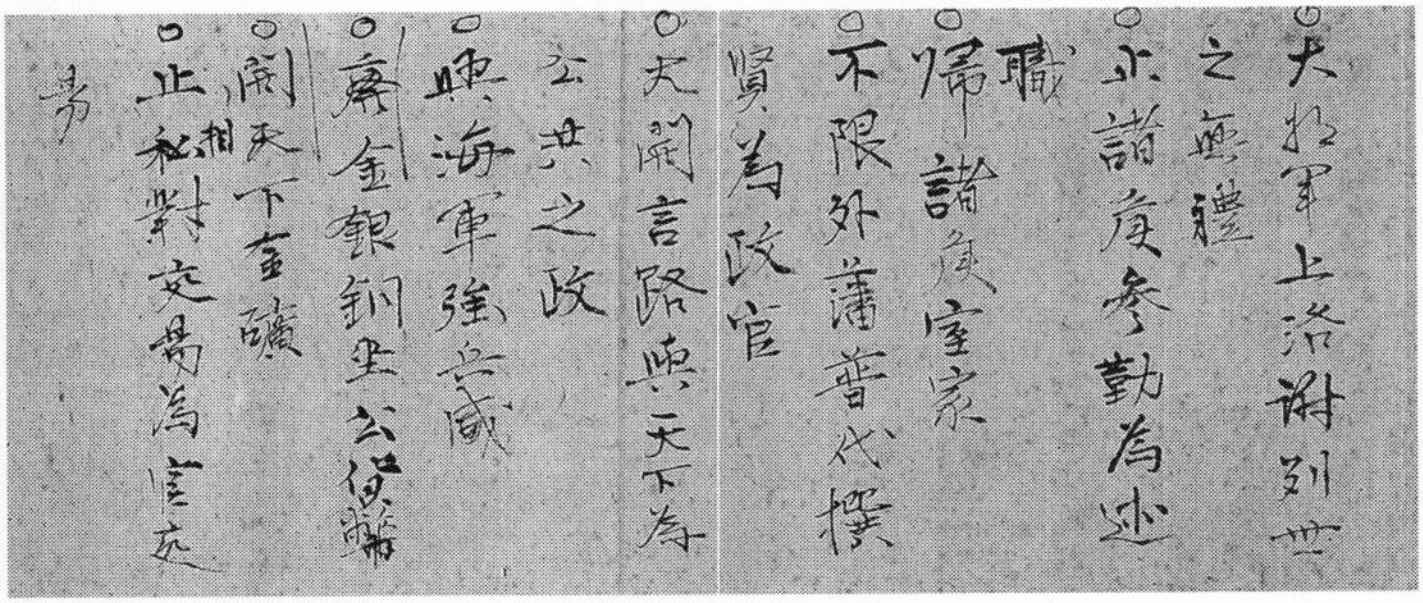

小楠筆「国是七条」草案

ど、諸藩を弱体化することで権力を維持してきた幕府の「私」を改革する提案をした。七月九日、春嶽は登城して政治総裁職に就任した。春嶽が話した内容を小楠から聞いた元田永孚は熊本の藩庁に「御政道の要は公私の二つにて之れ有り候処、是迄通御威光を以て圧付《おさえつけ》の御政事に之れ有り候へば則ち公儀流の私にて人心帰服仕らず、天下万民治安の為と思召示され、天下公共の御政道に御運び成され候へば天下一新仕るべく、此公私の二つ今度御変革の御目途に之れ有るべき段仰せ上がられ候由」（同前五七二頁）との春嶽の考えに将軍家も一橋慶喜も同意したと報告している。春嶽の意見はほぼ小楠の指示に拠る所と考えても間違いではない。これと前後して小楠は幕府改革の基本方針を次の七か条にまとめて春嶽に提示した。

一、大将軍上洛し列世の無礼を謝する
二、諸侯の参勤を止め述職と為す
三、諸侯の室家を帰す
四、外様譜代に限らず賢を撰んで政官と為す。

五、大いに言路を開き、天下と公共の政を成す
六、海軍を興し兵威を強くす
七、相対交易を止め、官交易を為す
（『遺稿篇』九七頁）

将軍上洛に関しては勅使が到着する前に既に幕府で決定済みであったが、小楠は一歩進めて将軍が上洛して列世の無礼を謝し、君臣の義を天下に明らかにする必要があると考えていた。小楠によれば天皇と将軍の間が隔絶している状態では「天下の人心更に一定仕様御座無候」というように、統一国家としての体をなしているとはいえないと次のように論じている。

方今《ほうこん》の勢天命人心の新たに御随《したが》ひ君臣の大義を御立て遊ばされ、君令臣行の実事行われ候へば、皇国人心自然に一致いたし候事は相違御座有る間敷、是則御国体の第一義と存じ奉り候。
（「幕府は朝廷に対し君臣の義を明らかにすべし」文久二年、『遺稿篇』九八頁）

以上のように、君臣の義が明確になれば、統一国家として対外政策も一定し、これ迄の「大弊」を改革して富国強兵の事業も可能になるというのである。二条と三条は諸藩の経済的な困窮の要因ともなっているので、参勤に代えて「述職」とし、江戸藩邸と国元の二重負担を軽減できると述べている。

小楠によれば、「述職」は百日ほど江戸に滞在し、国政向きなどを報告することと説明している。四条と五条は血統や家柄を重んじるのではなく、個人の能力と才能に応じて役職に就け、自由な討議を通して「天下公共」の政治を行うという小楠の持論が掲げられている。六条は欧米列強に対峙するために、陸軍よりも海軍に力を入れるべきであるという従来の主張である。これは幕府だけでは実現できないので、諸藩と合体して行うべきであると説明している。「絶海孤島の日本国」を守るには海軍しかなく、海軍の兵には外国に往来させ見聞を広めることが必要と述べている。最後の七条は、福井藩で実践済みの外国貿易を指していて、個人の商人が交易によって財を成すのではなく、多くの生産者に利益が還元されような「官交易」を小楠は想定していた。

生麦事件とその余波

春嶽は小楠の「国是七条」をもって、幕府改革の方針としようとしたが、幕閣は取りあおうとせず、思うように改革は進まなかった。そうした最中の八月二一日に島津久光が江戸から帰国する途上、生麦峠でイギリスの領事館員を殺害するという生麦事件を起こした。春嶽は小楠と相談の結果、久光を留めて犯人の差出や老中を神奈川に派遣して事の顚末を調査させ、勅使大原重徳を京都に送り、薩摩藩の暴挙を言上するなどの事件の処理方針をまとめ、二三日の会議に提出した。しかし、これも受け入れられず、憤慨した春嶽は再び登城を拒否して引きこもってしまった。

状況を打開するために幕府大目付の岡部長常が小楠を招いて「国是七条」について詳しくきいている。この様子を中根雪江が書き留めている。『再夢紀事』によれば、小楠は天下の形勢を問われ、九州などは騒乱の状態にあり、一たび乱がおこれば幕府の力では挽回できない状況にあると述べて、七条の各条目に解説を加えた。岡部は小楠の説明に納得し、さらに春嶽の引きこもりについて小楠の意見を聞いたところ、小楠は次のように答えている。

閣老初め各幕府従来の権柄を確持致し居られ、左袒の向き之れ無く、多分は馬耳東風に属し候故、在職以来今日に至り一つとして事業相立ち申さず、右様相成り候も畢竟衆人を弁明喩解して事を貫き候材力乏敷心許にて更に先き行き致さず、此儘にては不本意は申すに及ばず天下の罪人とも相成るべき勢いにて如何にとも致し方之れ無き故の事と申さる。

（『伝記篇』五八〇頁）

閣老が従来の権柄を固守し、春嶽の改革に協力しないばかりか、聞く耳を持たなかったことが春嶽の引きこもりの原因であると小楠は指摘した。また「国是七条」に関する小楠の説明を受けた岡部は幕府の首脳に報告して賛同を得て、この旨を春嶽に伝えて登城を促したが、春嶽は容易には聞き入れなかった。松浦玲が言うように、小楠の説明で幕閣の意見が一日で変わったことに対する春嶽の意地もあったと思われる。

幕府内での評価の高まり

幕府の首脳は大久保一翁を通して小楠に春嶽の登城の説得を依頼した。小楠の説得に応じた春嶽は閏八月六日から登城して政務についた。参勤交代の改革が行われ、参勤は三年に一度、溜間詰・同格の要職にある者は在府一年とし、その他は百日で妻や子どもは国元に戻すことになった。将軍の上洛に関しては八月一一日に閣老の板倉勝静が小楠を招き、岡部や大監察の浅野氏祐らの同席のもとで協議をして、翌年二月に将軍上洛を決定した。翌日小楠は一橋慶喜を訪問し、将軍上洛の意味や幕府改革に関して意見を述べたところ、小楠の卓見に驚いた慶喜は翌日春嶽に「昨夜横井平四郎に対面せしに、非常の人傑にて甚感服せり、談話中随分至難と覚ゆる事柄に尾《お》鬣《ひれ》を付けて問ひ試しむるに、聊か渋滞する処なく返答せしが、いづれも拙者共の思へる所よりは数層立ち登りたる意見なりし」(「続再夢紀事」二九頁)と、小楠を高く評価したといわれている。

このように小楠の幕府内での評価が高まって行った。一橋慶喜から春嶽に宛てた八月二七日付の手紙で、次のような提案がなされた。

和泉・周防申し聞かせ候には、右平四郎事右辺へ召し出され、御改革の御相談遊ばされ候はば実に天下の御為め此の上無しと両人も強て申し聞かせ候故、越中・駿河へ申し聞かせ候処、両人共大悦の様子之れ有り候。越中に申し聞かせ候は召し出され候御役名は如何致すべき哉、又高杯は如何ほどにて然るべき哉抔評議に及び候処、素より非常出格の事故如何ほどにても然るべく、名目は奥詰めと仰せ付けられ御前にも罷り出て、御用部屋は勿論時々罷り出候様相成様に致し候。

(同前五九八頁)

幕閣の中で小楠を登用し、幕府改革の顧問とする案が出て、小楠に与える石高や役職名、それに将軍にお目見えして幕政に関する意見を具申するなどの役目などを定めるなど、話は具体的に進んでいた。しかし、小楠は「必死に御断申し上げ候覚悟の次第」を春嶽に伝え、大御目付へも断りを入れてもらい、「此一件は存念通りに治まり候て先安心仕り候」（「宿許へ」文久二年閏八月八日、『遺稿篇』三八一頁）と報告している。半月後には「丁度只今越前より御借受同様の御取あつかひと申御内意御座候。是なれば御断も出来申さず、一と先罷り出で申さずては叶い難き次第と相心得」（「宿許へ」文久二年閏八月二五日、『遺稿篇』三八四頁）というように、小楠の身分が福井藩から借り受けされているように、同じ理屈で幕府から借り受けされれば、断ることもできないのではないかと書き送っているが、九月の手紙では「私御やとひの事病後早々も仰せ付けられ候御模様に御座候処、此頃尚又達して御断り申し上げ候へば御聞き入れに相成り当分安心仕り候」（「宿許へ」文久二年九月一〇日、『遺稿篇』三八七頁）と、小楠は幕府への登用を頑なに断っている。小楠自身は幕府の登用を辞退する明確な理由について述べていない。春嶽への遠慮や、熊本藩への忠誠などが考えられるが、それらは必ずしも十分な理由にならない。もしかすると、小楠は近い将来に幕府の崩壊を予期していたのかもしれない。

2　公武合体と破約必戦論

公武合体論が登場する背景には、嘉永六年（一八五三）のペリー来航とそれに続く外交政策を有利に展開するために、幕府権力の正当性の根拠が天皇にあることを再確認したことに端を発している。とりわけ、攘夷派を牽制するために、日米修好通商条約の締結に幕府が天皇の勅許を得ようとしたことは、天皇と京都朝廷の政治的立場を全国に明らかにするという結果をもたらした。攘夷論を主張する勢力も京都朝廷に働きかけて勅許を阻止する工作をするなど、幕末の外交問題を契機に、天皇と京都朝廷の発言権が強まった。勅許を経ずに日米修好通商条約を締結したため、攘夷論は尊王論と結びついて、幕府批判をさらに激化させた。こうした状況の打開策として、文久二年（一八六二）二月に挙行された第一四代将軍家茂と孝明天皇の妹の和宮の結婚は、幕府が仕組んだ公武合体策であったが、幕府はその条件として攘夷の実行を約束することになった。

尊王攘夷と破約攘夷

これより先の文久元年（一八六一）に、長州藩の直目付長井雅樂は藩主の意を受けて「航海遠略策」を主張して、幕府と京都朝廷の間で公武合体の斡旋に努めた。長井によれば、開国して海外に日本の武威を示すことが真の攘夷であり、その限りにおいて開国を主張する幕府と攘夷を主張する京都朝廷の意見は矛盾しないという考えである。しかし、長州藩では尊王攘夷を唱える桂小五郎や久坂玄瑞らが長井の政策に反対し、藩論を尊王攘夷に転換させた。

薩摩藩は、島津久光が軍勢を引き連れて入洛し、幕府改革の勅命を出させることに成功した。文久二年（一八六二）六月に久光は勅使大原重徳とともに江戸に入り、一橋慶喜を将軍後見職、松平春嶽を政治総裁職にとして幕政改革に着手したことは既に見てきた通りである。しかし、幕府政治の改革も、参勤交代制の緩和など、一部の改革にとどまり抜本的な改革とはならなかった。こうした状況を打開するために小楠が考え出した方法は破約必戦（破約攘夷）である。

『続再夢紀事』によれば、小楠・春嶽の破約必戦（破約攘夷）論は文久二年（一八六二）九月一六日の条に春嶽の意見として次のように書き留められている。「従前の条約は一時姑息を以て取結びたるものにて、国家永遠の計を立るために取り結びたるにあらず」（『続再夢紀事』第一巻、八六頁）というように、アメリカの威嚇を恐れて締結したもので、勅許を経ずに調印した「不正の所為」であった。したがって「断然此の条約を破棄し、天下を挙げて必戦の覚悟を定めしむべし」と、条約の破棄を各国に伝えた上で、「天下の大小諸侯を集めて、今後の国是を議せしめ、全国一致の決議を以て、更に我より進んで交を海外各国に求むべし」というように、諸侯会議を興して一致した国論を形成し、日本から進んで海外の諸国と交流を取り結ぶことが「真の開国」になるというものであった。

京都朝廷の攘夷の決行を促す要求に対して、春嶽はこの破約必戦論をもって、幕府の方針とすべきであると説いたが、現状の開国を保持する意見が大勢を占め、何らの具体的な方針も決定することは出来なかった。

連日、春嶽が閣議で破約必戦（破約攘夷論）を主張している間に、九月二一日に攘夷を藩論とする長州藩の周布政之助や桂小五郎らが小楠を訪問している。小楠については「京師にても此節種々の悪評」があり、とりわけ「亜墨利加贔屓の評」が広まっていたが、小楠の意見を聞いて周布らは「今日謦咳に接し始めて疑問を氷解せり」（同前九五頁）と小楠に理解を示している。長州藩の攘夷派は勅許を得ずして締結した条約を問題としているのであって、小楠が説いた破約必戦の後、主体的に開国することを否定するものではなかった。

混迷をきわめる閣議

小楠と春嶽が構想した破約必戦・諸侯会議・主体的開国論は、京都で最大の攘夷派勢力を形成していた長州藩にも理解されるものであったが、『続再夢紀事』によれば、幕府内では、小楠の主張は長州藩の説に雷同するものと見做され、閣議では容易に承認されるものではなかった。

破約必戦論をもって会議に臨んだ春嶽ではあったが、閣議では到底承認される見込みもなく、九月二七日から会議に出席しないばかりが辞職を言い出した。小楠も福井藩の重臣も、辞職はやむなしと考え、二九日に小楠は春嶽の政治総裁職の辞職願の草案を書いた。慶喜の上洛が迫っていたので、その後に提出することにしたが、同日に、小楠は大久保忠寛（一翁）に呼ばれ、持論の破約必戦論を主張したところ、大久保はこれに同調し、その方向で閣議をまとめるから、小楠には春嶽の登城を説得するように依頼した。また大久保は慶喜を説得して条約の破棄と諸侯会議の招集、春嶽の登城を要請する内容の手紙を春嶽に差し出すようにさせるとの約束を小楠と交わした。

翌日の閣議において、大久保は小楠・春嶽の構想を陳述すると、閣老からは反対の意見は起こらなかったが、慶喜から強い反対の意見が出された。慶喜の意見はこうであった。「万国一般天地間の道理に基き互に好しみを通ずる今日なれば独日本のみ鎖国の旧套を守るべきに非ず」（同前一〇七頁）と開国の方針を再確認した上で、たとえ勅許を待たずに結んだ不正な条約であっても、これに反対するのは日本国内の事情で、外国にとっては政府と政府が取り結んだものに他ならず、その論理は通用しないばかり、これで戦端を開いたとなると、まさに日本の「私」を押し通したことになるというのが慶喜の反対理由であった。

慶喜からの手紙は遂に来なかったので、小楠は大久保を訪問して閣議の様子を聞き、慶喜の反対意見を知った。とりわけ、「今度斯る意見を立しは已に幕府をなきものと見て専ら日本全国の為めを謀らんとするなり」という慶喜の覚悟に、小楠は「橋公の卓見と英断とに驚き一時は物をも云ひ得ず」というように、非常な驚きを見せた。そして、小楠は「是迄姑息未練の議論を進め、特に書面をも奉呈せしは今更恐懼慚愧に堪へず。今より後外国に関する御処置には一切言を発せざるべければ従来の失態は幾重にも御寛恕を蒙りたし」（同前一〇九頁）と述べたと伝えられている。

攘夷決行の勅旨

小楠の破約必戦（破約攘夷）論は、小楠が認めるように、あくまでも京都朝廷や攘夷派との妥協の産物であった。大久保から慶喜の考えと覚悟を聞かされた小楠は春嶽に登城して慶喜の意見に賛同することを進言した。一〇月一日の会議には春嶽も出席し、慶喜が入洛して幕府の方針として京都朝廷に開国を説得することに決定した。

しかし、幕府の首脳に京都朝廷が攘夷決行を迫るさらなる勅使を派遣するという情報がもたらされると、慶喜の入洛は延期となり、開国論そのものも危うくなった。春嶽は攘夷決行がもはや不可能となっている現状を勅使に説明して、聞き入れられない場合には政権を朝廷に返上すべきであると主張した。閣議では、この意見も退けられたので春嶽は一〇月一三日に辞表を提出し、慶喜も辞表を出した。この危機的状況に至って、一〇月二六日に小楠は春嶽を説得して辞表を撤回させ、春嶽に呼応して慶喜も辞表を撤回した。

京都朝廷は文久二年（一八六二）一〇月に勅使として三条実美と姉小路公知の二名を江戸に派遣し、攘夷の決行を迫った。一〇月二八日に勅使は到着したが、将軍家茂が病で伏せっていたり、慶喜が一時辞表を提出するなどで、攘夷決行の勅旨が伝達されたのは一カ月後の一一月二七日であった。幕府はすでに一一月二日の閣議で攘夷の勅旨を受け入れる決議をしていたが、一二月五日将軍家茂が正式に攘夷決行の勅旨を受諾することを勅使に伝達した。春嶽も小楠も、もともとは開国論を主張していたが、京都朝廷や攘夷派との合意を得るために、破約必戦論をひねり出したといった方が正しいかもしれない。

攘夷三策

幕府が勅使に返答を差し出す三日前の一二月二日に、小楠は京都朝廷や攘夷派との妥協点を見出す内容の建白「攘夷三策」を提出している。その冒頭で、「今般、勅使御東下の御儀は攘夷の大令仰せ出せられ」（「攘夷三策」『伝記篇』六五二頁）というように、攘夷の決行を促すものであると認識した上で、アメリカが浦賀に入港以来、黒船の威圧に恐怖し、勅許を得ないで安易に条約を結んで港を開いたことは「神州未曽有の汚辱」をもたらし、「上は天子の宸襟を悩まし奉り、下は万民の憤怨を醸」すという結果となった状況を説明することが重要と述べている。そうして、「己が利栄を謀り姑息因循し国家を此極に至らしめ」た幕府の要人の処罰をし、将軍を上洛させて「天朝御尊崇」の意を示したうえで「攘夷の御処置」に取り掛かることが攘夷の第一策であると記している。

次に、日本に在留の各国の官吏を呼び集め、勅使や将軍、諸大名の前で、「是迄条約開港致し候は全く朝廷の勅許にも之れ無く、将軍家御幼少の時に乗じ幕府奸吏共朝廷を欺き奉り正議の公卿侯伯を退け候後取り結び候条約」（同前）であること、つまり正規の手続きを経ていないもので「日本万民の憤怒する処」であると説明して、勅許に無い港は引き払うように伝えよと述べている。その上で、開港に関しては後日日本から使節を送ることにして、ひとまず引き払うように諭し、もし承知せずに戦端を開くとなると、「曲」は外国にあるので、「名義も相立ち候得ば皇国の全力を震ひ神武の勇を耀し、決戦仕る可し」というように戦いも辞さないというのが攘夷の二策であると説いている。

第三策は江戸湾をはじめ伊豆や相模の防御を固め、とりわけ京都に近い「浪華港より泉・紀・播・淡の間の海岸」に砲台を築き淀川水域にも防御の設備を設ける事を提案している。

小楠の「攘夷三策」が幕閣にどれほど理解されていたかは明らかではない。幕府は翌文久三年二月に将軍が上洛した折に攘夷の実際について天皇に上奏することにして、それに先立ち、一橋慶喜・松平春嶽・山内容堂が入洛することになった。かくして政局の中心は江戸から京都に移っていった。

3　士道忘却事件

京都では天誅と称した暗殺が横行し、公家侍や京都の町奉行配下の与力など、攘夷派と対立する人物を次々と殺害して三条河原に梟首《きょうしゅ》（首を晒す）した。また、和宮の結婚に奔走した岩倉具視をはじめ幕府に近い多くの公家が排斥された。こうした、攘夷派が大きな勢力となった背景には長州藩の存在があった。

小楠の暗殺計画

文久二年（一八六二）九月四日に長州藩の桂小五郎（木戸孝允）が江戸の福井藩邸を訪れ中根雪江に会った際、小楠のような勤王心の乏しい人物を春嶽の参謀としておくのは天下の為にならないと述べ、攘夷論を主張する熊本藩の勤王派の連中などが小楠の暗殺をもくろむ動きもあり、小楠の外出を控えるように忠告したと、中根は『続再夢紀事』（第一巻、七五頁）に書き残している。また、同月の一四日にも長州藩士周布政之助が京都から江戸に上がってきた同藩士の佐久間佐兵衛と共に、中根雪江を訪問し、江戸においても安井息軒らの儒者が田舎学者の小楠を幕政改革に関わらせている事に不平を抱くものも多いが、京都での悪評は更に甚だしいので、福井へ戻してはどうかとの意見を述べたと記している（同前八三頁）。

長州藩では、春嶽らが主張する開国論の背後にいる小楠が首謀者と考えられていた。九月二一日には、周布政之助や桂小五郎、中村九郎の三名の長州藩士が直接小楠を訪問したことは既にふれたが、小楠の卓見を高く評価した上で、京都における小楠の評判がよくないと忠告している。

土佐の坂本龍馬が勝海舟の開国論に憤り、岡本健三郎と春嶽の紹介状をもって勝に面会を求め、場合によっては刺殺も辞さない覚悟で迫ったが、勝の見識に心服して、後には勝の暗殺を阻止すべく自ら警護役をかって出た。龍馬は同じく春嶽の紹介状を得て小楠を訪問している。ここでどのような議論が行われたかは定かではないが、『伝記篇』では龍馬は小楠の□□論（廃帝論）を確かめに行ったが誤解であったと記されている。翌文久三年（一八六三）五月に龍馬は勝海舟の使いで、春嶽に神戸海軍所の資金の援助を求めて福井を訪問している。その時も小楠と会い、小楠を仲立ちとして由利公正とも親しく杯を交わす仲となっている。沼山津に戻ってからも、小楠と龍馬との交流は続き、甥の大平・左平太を龍馬に託して勝海舟の門下生に入門させている。

勝海舟肖像写真

やがて、小楠の身辺にも危険が迫るようになった。春嶽と共に京都に入り、諸侯会議を実現させて、新しい統一国家の創設に日本の展望を見出だしていた矢先、小楠に不慮の災難が降りかかってきた。「私事不慮なる変事出来、誠に致方御座無く痛心の至りに御座候」（「宿許へ」文久二年一二月二一日、『遺稿篇』三九七頁）という書き出しで、報告している。事件の顚末を要約すれば以下のとおりである。

熊本藩の江戸藩邸の吉田平之助が京都に赴くことになり、小楠は伝えたいことがあったので一二月一九日の夕七ツ（午後四時）過ぎに、吉田の妾宅《めかけたく》の二階で、熊本藩士の都築四郎、谷内蔵允らと会談して宴会に入った。谷口が先に帰った後、夜五ツ（午後八時）過ぎ、二人の刺客が刀を抜いて声をあげながら階段を駆け上がってきた。階下には肥後勤王党で小楠暗殺の使命を帯びた堤松左衛門が控えていた。小楠は階段の上り口に居て、両刀を取る暇もなかったので、階段を駆け下り、堤の側をうまくすり抜けてて常盤橋の福井藩邸に駆け込んだ。大小の両刀を受け取って、駆け戻ったところ、都築は命に別状はなかったが、吉田は深手を負って重傷であったが後に死去した。熊本藩の江戸藩邸詰めの足軽黒瀬市郎助と安田喜助がその夜から出奔して戻らなくなったことが判明した。この両人が外出する際、長州藩の者が誘いに来たことも判明した。また、吉田は先年に井伊直弼の側に立って色々と取り計らったことから攘夷派の憎しみをかっていたので、小楠だけではなく吉田を狙ったことは確かである。

江戸を離れる

ここまでは事件のあらましであるが、続けて小楠は「私其場の処置階子を懸下り候へ共有合の物棒にても何にてもおつとり懸上り両人を助け身命限り働候儀当然にて御座候処、無刀故駈帰り候て其機に後れ候処士道の処置を失ひ候て深く恐れ入り存じ奉り候」（同前三九八頁）と述べ、小楠がとった行動は士道に反するものであったと反省の弁を書いている。小楠は事の顚末を春嶽と熊本の江戸屋敷に伝え、病気を理由に帰郷する願いを申し入れた。

熊本藩では小楠を引き取った上で、士道忘却につき何らかの処分を検討していた。春嶽が熊本藩江戸藩邸の沼田勘解由に小楠の武士道が立つように取り計らってほしい旨を申し入れたのに対して、沼田は「一旦取失候士道相立候様との儀は甚六ヶ敷御注文に付平四郎儀責て前非を悔い自己と切腹いたし候外は之れ有る間敷候」（「長岡監物宛沼田勘解由手紙」文久二年一二月二三日、『伝記篇』六八四頁）というように、小楠の友人に依頼して小楠に切腹を勧めるようにしてはどうかと述べている。しかし、春嶽は強いて小楠を福井に迎え、福井における小楠の功績や政治総裁としての春嶽の重要な補佐役でもあったことから、熊本に帰すと小楠の身辺に危険が迫ることを恐れて福井に留めておけば安心であるという判断を下した。春嶽は直接熊本藩主に手紙を送り「小生の不徳より平四郎身上に、嫌疑を生じ夫よりして禍災も相兆候事にて畢竟は責小生に帰候」（『伝記篇』六八七頁）と小楠を弁護して、熊本藩の処罰を牽制した。しかし、小楠は翌日福井に向かって江戸を離れることになった。

4　諸侯会議の挫折

将軍上洛の延期論

将軍の入洛を機に、小楠は春嶽や一橋慶喜と共に京都に上がり、諸侯会議を興して状況の打開をはかる計画であったが、先の小楠暗殺未遂事件で「士道忘却」を問われ、福井に退くことになって、この計画は頓挫した。この間に、薩摩藩の大久保市蔵（利通）らが島津久光の「建白書」をもって京都に上がり、有力公家に将軍上洛の延期を説得して回った。

その「建白書」では、将軍が入洛して攘夷決定を約束しても「彼を制御するの実備之れ無く候ては、我を固守致し候儀決して出来兼ね候得ば甚だ至難の訳に御座候」(『続再夢紀事』第四巻、三三八頁)というように、攘夷の条件が整わない事、第二に「幕府変革の初人心紊乱物議騒然の砌」(同前三三九頁)に江戸を「空城」にしておくことは出来ず、第三には攘夷決行が決まれば「列藩の侯伯在城致し海防守御の策専要」(同上)であるので参勤猶予の新令が必要だし、大藩を上洛させることも困難である事、第四に将軍上洛には大きな出費が必要となり、財政的にも苦しい事、第五に各藩が上洛して各々が建議すれば「御取捨の上には或いは恨み或いは憤り其害少なからず」(同前)という状況が出現する事、第六に幕政変革の折折、「小人俗吏の徒」に私怨を抱いている者がいるかも知れず、将軍上洛の虚に乗じて不測の事態が起きるかも知れない、という理由が掲げられていた。

大久保の説得が功を奏して、京都朝廷では一時将軍上洛を見合わせる意見に傾いていた。そこで、大久保は江戸に上がって京都朝廷の動きも含めて春嶽と山内容堂にも久光の建白書を説明した。一橋慶喜はすでに一月五日に入洛していたが、春嶽は閣僚と相談の結果、将軍上洛を延期し、中根雪江と大久保市蔵(利通)を入洛させて正式に将軍上洛の延期の勅命を出させるように計画した。しかし、京都朝廷内では近衛忠熙や中山忠能など、公武合体派の意見が後退し、三条実美や姉小路公知など尊王攘夷派の公家が勢力を強めていて、大久保市蔵や中根雪江の当初の計画も断念せざるを得なくなった。

深まる対立

山内容堂は一月二五日に、春嶽は二月四日にそれぞれ京都に入ったが、尊王攘夷派と公武合体派の対立は深まるばかりであった。二月一一日に久坂玄瑞ら長州の勤王派と小楠の襲撃を背後で支援した肥後勤王党の轟武兵衛は関白の鷹司輔熙邸を訪問し、朝廷内の尊王攘夷派と連合して天皇に上奏し、攘夷の期限を定めるようにと幕府に圧力をかけさせた。天皇は尊王攘夷派の意見を受け止めて、三条実美らを一橋慶喜のもとに送り、攘夷の期日を明らかにするように迫った。慶喜は春嶽・容堂と前年の一二月に京都守護職に着任していた松平容保らを招集して対応策を協議し、攘夷の期日を将軍が京都から江戸に戻って二〇日後と返答した。二月一四日には慶喜・春嶽・容堂・容保の四人は連署して攘夷期日を四月の中旬とする旨を上申した。攘夷決行の期日にせよ攘夷そのものの可能性に関しても、見通しがあった訳ではない。

二月一八日、京都朝廷では在京の諸侯を集め、攘夷に関する勅諭を発し、言路を開いて草莽《そうもう》の徒にもその意見を具申させる勅旨が出され、京都市中では尊王攘夷派の浪士の活動をますます激化させることになった。ここに、将軍上洛を機に、京都から尊王攘夷派を一掃して公武一和の国家体制を樹立するという、春嶽・慶喜の計画は完全に破綻してしまった。等持院に安置されていた足利尊氏・義詮・義満の木像の首が尊王攘夷派の浪士によって三条河原で梟首されたのもこの頃である。

春嶽は攘夷の期限を定めることには反対であったが、押し切られてしまった。春嶽が考えた最後の切り札は、「此際幕府より断然大権を朝廷え返上せらるるか、朝廷より更に大権を幕府に委任せらるるかの中、いずれか其一方に定められず候ては、最早天下の治安は望むべからずと見込まれ故、専ら此事を議せられしなり」（『続再夢紀事』第一巻、三八〇〜三八一頁）と、政権を全面的に幕府に委任してもらうことを願い出るか、それが受け入れられなかったら、政権を返上するという賭けであった。松浦玲によれば、春嶽と慶喜の意見の相違が明瞭になるのが、この問題であった。政権の全面的な委任を朝廷に申し出ることに関しては同意見であったが、政権の返上に関しては慶喜は賛同しなかった。

幕府内での意見の不一致が明瞭になってくる中で、春嶽は福井藩の重臣と相談の上、総裁職を辞任することに決め、三月三日に入洛直前の将軍を大津で迎えて将軍職の辞職を勧め、自ら総裁職の辞任を申し出た。一方、慶喜は朝廷に攘夷の期限を約束する代わりに政権の全面委任を引き出そうとしたが、朝廷側は攘夷のみ委任し、国事に関しては内容によっては天皇が直接諸藩に命令を下すという内容の返答をした。

春嶽は三月九日に政治総裁職の辞任願いを提出したが、許可を経ないままに二一日に京都を離れて福井に戻ってしまった。追って幕府から、政治総裁職の罷免と逼塞の処分が下された。

5　挙藩上洛と国際会議

二つの建言

小楠は福井に退いてから二つの建言をしている。一つは文久三年（一八六三）の「処時変議」という建白書である。冒頭では「京地の風景は攘夷の暴論盛んに行はれ容易ならざる次第の上、英国よりは生麦一件申出内外の険難切迫に及び一歩の進退実に治乱の経界とも相成るべき勢」(「処時変議」『遺稿篇』五七頁)と、京都の状況と春嶽が止む無き事情で政治総裁職を辞職した経緯を説明している。春嶽の帰藩によって「奮発の士気も自然に相撓《あいゆる》み元の偸安《とうあん》の旧習に復せんとするは本藩も免れ得ざるの勢となれり」(同前五八頁)と、緊張感が緩んできたと指摘し、「今の時に当って稍奮発せし士気を撓めず、愈々太平の気習去りて真の治道を興して乱世に備え事あるに臨んで天下の先鞭たらずんばあらず」(同前)と福井藩の引き締めを図る必要を論じ、農兵と蒸気船と安島開港の「三大事業」の推進を提唱している。これらの改革案は目新しいものではなく、小楠にしては具体性に欠けるものであった。ここで小楠が強調したかったのは「必戦の士気を撓まさずして益々是を振起し天下の不慮に先立んとす」(同前六一頁)と、福井藩の運命を決する事態に備え、藩の一体感を強めるところにあった。

もう一つは「朋党の病を建言す」という文久三年四月二五日付けの建言書である。朋党というのは藩論が分かれ、派閥を組んで争うことであるが、小楠は「朋党は人君の不明に起こり国家の大害」(『遺稿篇』八六頁)であると述べ、君主の在り方に言及している。小楠によれば、家老などの執政諸有司に政治を委任しているが、「坐して諸事を聞玉」うのではなく、「御身を以て先んじて万機に当り玉ふ」事がなければ委任が朋党の原因となると君主の責任を論じている。後に福井藩では挙藩上洛に際して藩論が分かれ、結局は春嶽の判断で取り止めになるのであるが、後に見るように春嶽が小楠に不満を漏らすのも、小楠のこのような君主論が原因かもしれない。

挙藩上洛をめぐる分裂

文久三年五月に福井から熊本の社中に宛てた手紙には、京都における一連の状況が詳しく伝えられている。春嶽の提言を退けて朝廷に攘夷の期日まで約束した慶喜ではあったが「御帰りの上、此義は迚も出来申さずとの趣にて御辞職御願に相成り申し候」(「在熊社中へ」文久三年五月二四日・二六日、『遺稿篇』四一六頁)と将軍後見人を辞職したことに対して、小楠は「誠に言語を絶え申し候」と冷ややかに見ている。また朝廷においては鷹司《たかつかさ》輔熙《すけひろ》が関白職の辞職を申し出たが、だれも引き受け手がなく止むを得ず留任する始末で、朝廷も幕府も混迷の度を強めていた。こうした状況を打開するために、小楠が考えたのが春嶽を始め福井藩を挙げて入洛し、在留の外国使節を京都に呼び寄せて将軍や朝廷の関白を始め「歴々の御方御列座」の場で、外国使節の意見も聞いた上で、どちらに道理があるかを議論し、それによって「鎖とも開とも和とも戦とも」を決めればいいという、いわば国際会議を興して公の場で道理を議論しようというのである。これには春嶽や藩主の茂昭も「再び国に帰らざる覚悟」がなければ成就しないと述べ、加賀藩など隣国の諸藩や薩摩にも使者を立てて数藩で上洛することを構想した。

小楠が熊本の社中に宛てた手紙の「追啓極秘」には、福井藩は「君臣共に必死を誓ひ皇国の為御尽力と申所に今日決定に相成候」(同前四二一頁)と上洛を決断した事と、今回の上洛は朝廷と幕府の間を取り持つ斡旋などではなく、「天下に大義理」を立てるものであり、「一藩中一人も異儀申者之れ無し」という状況にあると伝えている。

福井藩では六月一日に藩士を登城させ、この決定を告げている。しかし、五月三〇日に京都の情勢を探索に出かけていた中根雪江が帰藩してから慎重論を唱えるようになり、再び村田氏寿ら三人の藩士が京都の状況を探索に出かけたが、六月九日には将軍が京都を離れて、一三日には大坂から江戸に戻ってしまった。将軍の江戸帰還とともに、福井藩主茂昭の参勤の議が持ち上がった。福井藩の京都上洛に慎重論の立場を取っていた中根雪江は藩主茂昭の参勤を主張し蟄居の処分を受けることになった。福井藩から家老の岡部豊後や三岡八郎が使者として熊本に送られ、福井藩の計画に賛同するよう説得にあたることになっていた。同時に岡部は小楠の士道忘却の罪の軽減を願う春嶽の願い書も持参した。しかし、京都に滞在していた元田永孚は福井藩の挙藩上洛には反対の立場を取り、急遽熊本に帰国して福井の計画に賛同しないように画策している。

挙藩上洛の失敗

一方、福井藩でも慎重派が優勢となり、挙藩上洛を主張していた藩の重役が次々に解任され、藩論は一変した。九州に滞在していた福井藩家老の岡部豊後に宛てて、小楠は「御国許大変動については私事も御暇希い奉り、今日出立仕候」（「岡部豊後宛」文久三年八月一一日、『遺稿篇』四三六頁）と書き送っている。

小楠が熊本に戻った翌年の元治元年（一八六四）二月に春嶽は茂昭に、挙藩上洛に関して藩論が分裂した事を「不徳の致す所にして悔慚の至に堪えず」と述べ、小楠を重用してきたことを反省しながら、今後の福井藩の方針について記している。春嶽は「小楠堂論議間然無く、允當《いんとう》の事は多々之れ有り候。去り乍ら又その説を誤り候て国政を紊乱する義も多々之れ有り候」（『続再夢紀事』第二巻、四二五頁）と、冷静に小楠の思想を総括している。「治ること能はざれば君といへども君ならず。臣在りての君なり」（同前）という、君臣の義よりも国家の大義を優先する小楠の考え方が「紀綱紊乱の端緒」を開いたと、春嶽は厳しく小楠の説を批判する。さらに、文武について小楠は「文武は心にあればよろしく業には及ばず」と主張し、武を軽んじる傾向が強く「小楠の説尤也といへども受用を誤り候弊改革せずんばあるべからず」（同前四二七頁）と茂昭に小楠が残した弊風《へいふう》の改革を指示している。春嶽がもっとも強く批判したのが、挙藩上洛に際し、小楠が福井に戻らない覚悟を促したことである。春嶽は次のように指摘している。「天下の事は第一とは申しながら、国立たざれば諸事周旋も何も出来ざる也。国つぶれ候へば尽力も出来ざる也。」（同前四二八頁）つまり国（福井藩）があってこそ、「皇国」に尽力できるというのである。春嶽は「妄に小楠の説に従ひ候へば国力尽果て、終には大方の笑を来す」（同前）と、厳しい言葉で小楠の政策を批判した。あれほど小楠の招聘を望んで、師弟の礼を取った春嶽ではあったが、挙藩上洛の失敗が大きな影を落とした。封建割拠制の弊害を克服して、統一国家をめざす小楠の近代国家構想と、あくまでも藩の存立を前提とした春嶽の国家構想との相違がここに至って明らかに表出したのであった。

小楠が福井藩を離れた直後、京都では八月一八日に薩摩藩と会津藩が連合して長州藩を中心とした尊攘派を京都から追放するという政変が起きた。宮廷内においても尊攘派の公卿は締め出され、三条実美ら七人の公卿は長州に逃れた。

第十三章　明治維新と小楠

1　蟄居と私生活

文久三年（一八六三）八月一一日、小楠は人目を避けるように福井城下を去り、三国港から船旅で一九日に長崎に上陸している。ここで思いがけなく福井藩から派遣されていた岡部豊後や三岡八郎と出会った。再会を喜ぶ暇もなく、すぐさま別れて小楠は熊本に向かった。

士席剥奪の処分

小楠が熊本城下に差しかかったところで、嘉悦氏房や安場保和、山田五次郎など小楠社中が出迎えた。小楠が帰藩すると士道忘却の罪で士席を剥奪されるという噂から、横井家の家名に傷がつくことを恐れ、師の小楠に切腹を勧める予定であったが、小楠の意気におされて誰も言い出せずにいたというエピソードが残っている。（『伝記篇』七九七頁）

八月二五日付で小楠は帰国届を提出した。小楠と同行した福井藩の使者が春嶽と福井藩主茂昭連名の熊本藩主細川越中守に宛てた直書を携えてきた。それには小楠借用に関する感謝の意と福井藩での小楠の功績を称えるとともに、士道忘却事件に関連して、それは小楠借用中の出来事でもあり、小楠に重い咎《とが》が下されたならば、「師弟の情実深断腸の心地」であり、「只管の御憐恕《おんれんじょ》」をもって春嶽と茂昭の「意衷深御推察下され」と、寛大な処置を願いでたものであった。しかし、一二月一六日に小楠に下されたのは、知行召し上げの上、士席剝奪の処分であった。小楠は、一庶民としての生活を始めなければならなかった。

小楠の家庭生活

ここで小楠の家庭生活を振り返っておこう。小楠は嘉永六年（一八五三）、四五歳の年に肥後藩士であった小川吉十郎の娘ひさと結婚した。翌年兄の時明が亡くなり、小楠が養子という形で家督を継ぐことになった。母親のかずと兄嫁のきよ（清子）、妻のひさ、兄の子どもである姪のいつ、甥の左平太と大平と女中の寿加の大家族であった。生活費の事も考え安政二年（一八五五）熊本の郊外の沼山津に居を移し、「四時軒」と名付け、沼山《しょうざん》という号を用いるようになった。その年にひさは長男を生んだが、長男は幼くして亡くなり、後を追うようにひさもこの世を去った。悲嘆にくれた小楠ではあったが、翌年惣庄屋の矢島忠左衛門の娘つせを嫁に迎えた。上士格の横井家とは対等の結婚が出来ず、妾という形での再婚であった。当時、小楠は四八歳でつせは二六歳であった。つせの姉にあたる久は小楠の弟子の徳富一敬に嫁ぎ、その子どもが徳富猪一郎（蘇峰）と健次郎（蘆花）である。

安政四年（一八五七）一一月に男児が誕生し又男（時雄）と名付けられ、文久二年九月には長女みやが生まれた。徳富蘇峰や蘆花は後に京都の同志社英学校に入学し、新島襄の教えを受けることになる。時雄は同志社社長（後の総長）となり、みやも熊本バンド出身で後に同志社総長となる海老名弾正に嫁いでいる。

横井小楠記念館（四時軒跡地，熊本県熊本市）

隠棲生活　士席を剝奪された小楠は沼山津に隠棲する事になった心境を「偶興」と題した一〇首の漢詩に表現している。次の二首は最も小楠の心情を表現している。

客稀柴門鎖不開。閑園曳杖幾吟回。日沈仙岳暮霞紫。偶坐西窓呼酒杯。

多くの来客を迎え、多忙な日々を送ってきたが、訪ねてくる客もいなくなり、門は閉じたままになり、静かな園内を杖を曳き幾度となく漢詩を口ずさみながら回り、陽が仙岳に沈む瞬間に紫色に霞むさまを西窓によりかかって、その景色を楽しみながら好物の酒を所望する。

東海波濤北越雪。飽看光景百杯傾。十年無限風塵客。帰臥故山聴雨聲。

東海の波濤を越えて江戸に赴き、越前の北越の雪の景色を飽きるまで眺めて幾度となく酒杯を傾けてきた。十年もの間、限りなく俗界の風塵の客となって政治に関わる身となってきたが、いま故郷の沼山に帰臥して、雨音を聴くほどゆったりとした時間を過ごしている。

（『遺稿篇』八九三頁）

家禄を失った小楠の生活を支えたのは、小楠を招聘した松平春嶽と、徳富一敬、矢島源助、竹崎律次郎など熊本の惣庄屋出身の門下生たちであった。春嶽は熊本藩主に小楠の士道忘却事件に対する寛大な処置を願い出ていたが、小楠が士籍を剝奪され、窮乏生活を送っている様子を知ると、福井藩の門弟たちと共に経済的な援助の手を差し伸べた。小楠は「御社中御助力尚又贈り下され、誠に意外の御恵投、御厚情の至り拝謝申し盡し難く存じ奉り候。先便にも貴意を得候通り御庇にて去暮の窮迫相凌申すべき処、此節の御助力にては十分の仕合せ、近年至窮の貧家俄に光華を発し満堂春風を迎え」（「松平源太郎宛手紙」慶応三年正月一四日、『遺稿篇』五〇一頁）と感謝の意を表した礼状を書いている。

つづく海舟との交流

この頃、小楠は甥の左平太・大平を勝海舟に預けて、その塾に入門させていた。元治元年（一八六四）に勝海舟に宛てた手紙によると、海舟は坂本龍馬を小楠のもとに遣わし、無禄になった小楠に金子《きんす》を届けている。勝海舟が神戸に海軍操練所を開設する際、松平春嶽に資金援助を依頼し、坂本龍馬が受け取りに訪れて以来、小楠と龍馬の親交は深まっていた。

小楠は予てより西洋列強の軍事的圧力に対して、海軍の強化を主張してきた。元治元年に著した『海軍問答書』は、「海軍に過ぎたる強兵あること無し」（「海軍問答書」『遺稿篇』一九頁）というように、海軍の強化こそが日本の独立を保持する唯一の方法であると論じた。そのためには、総督官に海軍一切の全権を命じ、全国から優秀な人材を集め「伝習には費用を厭ふことなく十分の修行を盡さしめ、海軍一切の規定は西洋の法則を斟酌して行ふ可し」（同前二二頁）というように、身分に関係なく、伝修生から能力のあるものを士官に撰び、「一艦の長一軍の将にも挙げ用い、貴族たり共所長なければ用いず」という徹底した能力主義を採用するように提案している。小楠によれば、代わる代わる海外にでて外国の事情に通じさせれば、一〇年を待たずに「外夷の恐るるに足らざるのみならず却て万国を呑むの正気を発生するに至る」とも述べている。さらに、海軍を興すには莫大な費用を要するため、鉄鋼業を興し、その費用に充てるなど、具体的な方法を提示している。

2　小楠学の展開

井上毅との対話「沼山対話」

元治元年（一八六四）の秋に熊本藩の井上毅が小楠を訪問して記録した「沼山対話」と翌慶応元年（一八六五）に、かつての実学党の同志であった元田永孚が筆録した「沼山閑話」は第八章の世界平和と国際主義や第九章の小楠の儒学革新のところで取り上げたが、ここでは小楠が到達した学問観と世界観について見ておきたい。

井上毅は藩校時習館では実学党とは異なる学校党の系譜をひく藩士で、木下宇太郎の韡村塾で中国の法制度を学んだ。後にフランスに渡ってフランス法を学び、法制官僚として日本の近代化に貢献した人物である。小楠は井上毅の質問には丁寧に答えて持論を展開している。

冒頭に、小楠は「思う」ことが学問の眼目であると主張している。人の心の知覚は限りの無いもので、この心の知覚が「思う」ことであると説く。天下の「理」を究める「格物」（物を格す）は「思の用」であり、一身の道徳的な修養から天下を治める「経綸の事業」も「思う」ことから出ていると説明している。小楠によれば、客観的に存在する「理」も、己の「誠の思」があって初めて「実得」することができたのである。また、幾千巻の書物を読んでも、「己に思ふの誠」がなければ、帳面調べに終わってしまい、論語の「思而不学則殆」を援用して「己に思はざれば学問の益なく、また思ふに是を古人に照らさざれば一己の私智（「沼山対話」『遺稿篇』八九九頁）となるとも述べている。

小楠は学問をする上で、「知る」ことと「合点」することは異なると述べる。天下の理をいくら多く知っても「心に合点」しなければな、すべて形の上だけにとどまり、「応物の活用」とすることは出来ないという。「理」を「我物」にするとは、「理」に対して己の「思」を投じる事、つまり「理」をどのように「活用」すべきであるかという思索を伴う行為に他ならない。

次に、井上の質問はキリスト教へと移る。小楠は海外の諸外国の八分通りはキリスト教を奉じていると認識しているが、キリスト教を「仏教の一種」と見て仏教の教理に比べて「一入深玄」であると捉えている。仏教とキリスト教の害については「仏は倫理を廃し、耶蘇は倫理を立候えば、仏の害甚だしく候」（同前九〇一頁）と仏教の害を指摘しているが、キリスト教の導入に関しては「宗旨乱」を起こすかも知れないので、日本に入り込むことには反対の意を示している。興味深いのは、小楠は「日本の□□なども尤害あるものにて、近来水戸・長州の滅亡を取り候にて知れ候」（同前）というように、神道（伏字になっている個所）の害は甚だしいと述べている事である。また、キリスト教国と交流しても必ずしもキリスト教が入り込むわけではないとも述べている。キリスト教と「聖人の道」の共通する所に関しては、「近来に至て西洋に致し候ても其士大夫たるものは強ちに耶蘇を信仰するにては之れ無く、別に一種経綸窮理の学を発明致候て是を耶蘇の教えに付益致し候。其経綸窮理の学民生日用を利すること甚だ広大」（同前九〇三頁）と評価し、「先は聖人の作用を得候」とその共通点を指摘している。朱子学は「民生日用の作用」という観点を持たなかったため、大きな誤りを犯したとも述べている。

小楠が「聖人の事業」として注目したのは「交易の道理」である。「民用」は交易によって成り立つと小楠は説く。小楠によれば当時の日本の人口の三五〇〇万の日本人の内で十分に衣を着て食事ができるのは五、六〇〇万に過ぎず、そのほかは「凍餒《とうだい》の民」であった。これは「交易融通の道」が日本全国に行き渡っていないため、このような貧国になってしまったというのである。欧米人は「火輪船・蒸気車・伝信器」などを発明して万国に交通し交易の利を広めているので「国富兵強民用の利厚くして租税等も至て寛なることを得たり」という国情を創出し、「其経綸の功業聖人の作用を得たるものと申すべく候」（同前九〇五頁）と西洋の長所に言及している。これらは「仁の用」というべきもので、それは「己を捨て人を利す」ことであり、子が親に対して孝養を尽くすことや、人君が「民の便利をはかり世話致す事」などもこれにあたると小楠は説明している。しかし、西洋の「仁の用」は「至誠惻怛の根元」を持たないために「天を以て心として至公至平の天理に法」る事が出来ず、覇術に陥ってしまったと指摘する。小楠は、尊王攘夷論を唱える「鎖国の旧見」は天理に悖《もと》ることであると開国の正当性を述べるが、海軍を興すなど強兵策を推進することは、小楠によれば「兵力は徳を輔くるもの」で、国内の内乱を抑えたり、外国の圧力に屈しないことも兵力がなければ実現しないとその必要性について述べている。

　最後に、諸藩に限らず国家においても「分党の憂」があるが、これを克服する方法を問われた小楠は「是は上たるものの明の一字にあることに候」と、藩主や上に立って統治する者が「明」であるかどうかの問題であると主張している。「上たる者党派の別に目を付けず只其人才を見立て之を抜擢いたし候えば党派は自ら消する者に候」（同前九一二頁）というように、上に立つ者が党派を超えて人才を登用すれば、党派は自然と消滅すると小楠は論じている。すべて上に立つ者は「公平の心」で対処するしかなく、「小人の名目を与え長を捨て短を責る」事はすべきではないと戒めている。

元田永孚が筆録「沼山閑話」

　井上毅の「沼山対話」からちょうど一年後に、実学研究会の仲間であった元田永孚が小楠を訪ねて議論している。その時の内容を「沼山閑話」と題して記録している。小楠の話は朱子学批判から始まる。「理」と「気」から宇宙万物を説明した「宋の大儒」（朱熹）に対し、小楠は「堯舜三代の道」という理念を立てて論じている。朱子学では宇宙の法則が万物

元田永孚肖像写真

に内在した「理」を解明する「格物」という行為を続けてゆけば、やがて人間の本質である「本然の性」（「理」）を解明する事に繋がる事になっていたが、小楠は「格物の用」を尽くして民に役立つことが重要と説く。それは「天帝の命を受けて天工を広むる」ことに他ならなかった。小楠によれば、もし堯・舜が小楠の時代に生まれていたなら、「西洋の砲艦器械百工の精技術の功疾く其の功用を尽して当世を経綸し天工を広め玉ふこと西洋の及ぶ可に非ず」（「沼山閑話」『遺稿篇』九二三頁）というような状況がもたらされると論じている。つまり、朱子学の最も大きな欠点は「民生の用」に役立つ「格物」という視点を持たなかったことにあると指摘した。

次に西洋の学問の欠点についても次のように指摘している。小楠によれば、西洋の学問は「心徳の学」を持たない「唯事業の上の学」であり、「人情」まで推し量って理解しようとしないから、戦争が止むことがないというのである。一時は高く評価したキリスト教も「事業の学」を抑える事が出来ず、「愚民」を喩す手段になってしまったと述べている。ここで小楠は大胆な構想を提案する。三〇万石以上の人に「三代の治道」を講じ、その上で「西洋の技術」を学ばせて日本を一新し、これを西洋に普及すれば世界から戦争がなくなるというのである。
小楠は福井藩の藩政改革から松平春嶽を補佐して幕政改革に奔走してきたが、自分の半生をかえりみて、次のような境地に到達していた。

我れ誠意を尽くし道理を明かにして言はんのみ。聞くと聞かざるとは人に在り、亦安ぞ人の聞ざることを知らん。予め計て言ざれば其人を失ふ、言ふて聞ざるを強く是を誣ふるは我言を失ふなり。孔子沐浴而朝の一章是当世に処する標準なり。

（同前九二八頁）

「孔子沐浴而朝」とは『論語』に典拠を持つ言葉である。斉国の陳成が主君の簡公を殺害した時、孔子は沐浴して魯国の哀公に陳成を討伐するように言上したが、哀公は実権を持っていた季孫・孟孫・叔孫の三人に告げるように命じた。孔子は三子に告げたが、誰も孔子の言を受け入れようとはしなかった故事を引用して、たとえ忠告が聞き入れられないとしても、誠意を尽くして道理を説くことの意義を説いている。幕藩体制に代わる新しい国家の創出を目指した小楠の構想が、士道忘却という思いがけない事件と遭遇して頓挫したことに対する小楠の自負を表明したものではないだろうか。

3　朝廷の召命

大政奉還の際の建言書

沼山津に隠棲した小楠ではあったが、勝海舟や坂本龍馬との交流もあり、幕末の政治状況に深い関心を寄せていたことは言うまでもない。小楠は慶應三年九月に福井藩士松平源太郎（正直）に「国是十二条」（『遺稿篇』八八～九〇頁）を書き送っている。「天下之治乱に関わらず、一国は独立を以て本と為す」と福井藩の独立を前提とした上で「天朝を尊び、幕府を敬す」という尊皇敬幕の立場をとることを勧めている。「風俗を正す」という三番目の条目では、「法制・禁令」は末の政策で「君臣一徳」で「治教」が明らかになれば、風俗は自然と正しいものになると述べている。「賢才を挙げて不肖を退ける」という人材登用と「言路を開き、上下の情を通ず」というように、自由な言論を保障して上下の情が通じるようにすべきであると提案している。さらに、「士民」を思いやり、「信賞必罰」を通して、何をすべきであるか、何をしてはいけないのかを明確にすることが必要と述べている。それに「富国」と「強兵」という政策が続いている。「列藩に親しむ」とは雄藩であっても「嫌疑」があれば「正言」できる関係を構築する事を勧めている。最後は積極的に「外国に交わる」ことを挙げている。「国是十二条」はこれまで小楠が主張してきたことを箇条書きにしたものと考えていいだろう。

慶應三年（一八六七）一一月一四日に大政奉還が奏請された。小楠はこれに先立ち、大政奉還に関

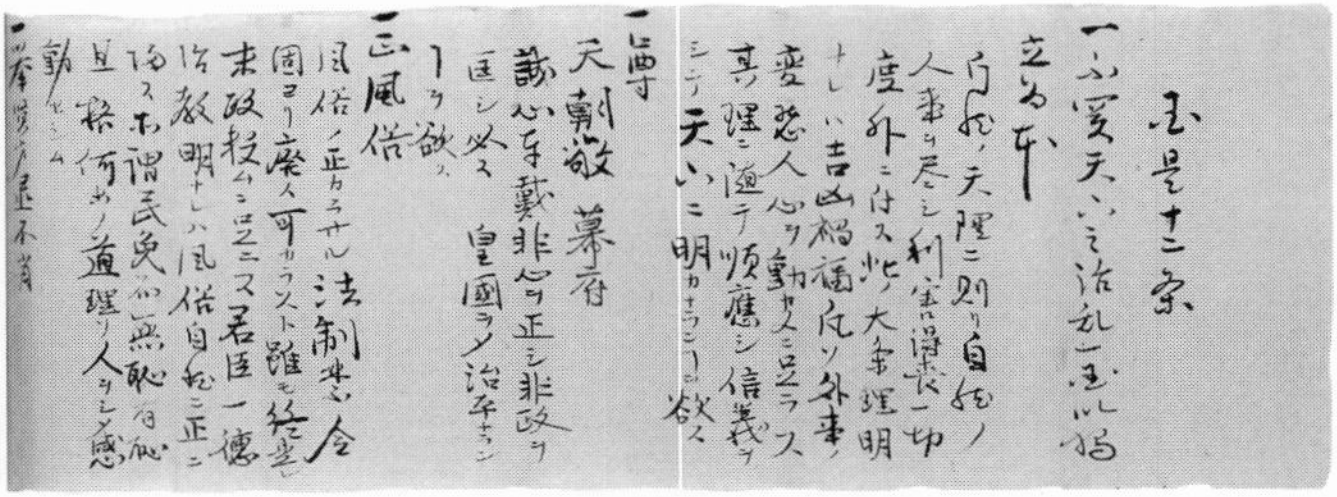

小楠筆「国是十二条」

する情報をえており、一一月三日付で、春嶽に対して次のような建言書を提出している。小楠は大政奉還を幕府が「御悔悟御良心発せられ」（「新政に付て春嶽に建言」慶應三年一一月、『遺稿篇』九三頁）たことに他ならないと理解した。将軍を始め大久保忠寛など、将軍を補佐する人々が「御良心御培養是第一の希う所」と、「良心」的に対応することが重要であると述べている。次に小楠は「議事院」を設け、上院は「公武御一席」とし、下院は「広く天下の人材御挙用」することを提唱している。また「勘定局」を設置し、五百萬両ぐらいの紙幣を作り、「皇国政府の官印」を捺して通用させよとも提案している。さらに、一万石以上の大名に百石を差し出させ、徳川幕府の出費の削減によって生じる財源も加えて政府の財源とすることを提案している。刑法局の設置と、兵庫に海軍局を設置して諸侯の軍艦を集めて一〇万石以上の大名に、石高に応じて兵士を出させ、西洋の航海術を学ばせることも提唱した。また、「旧来の条約明白適中せざるは一々改正し、公共正大百年不易の条約を定べし」（同前九四頁）と条約改正にも言及している。

　小楠の見る所によると、西洋には「交易・商法の学」があり、世界

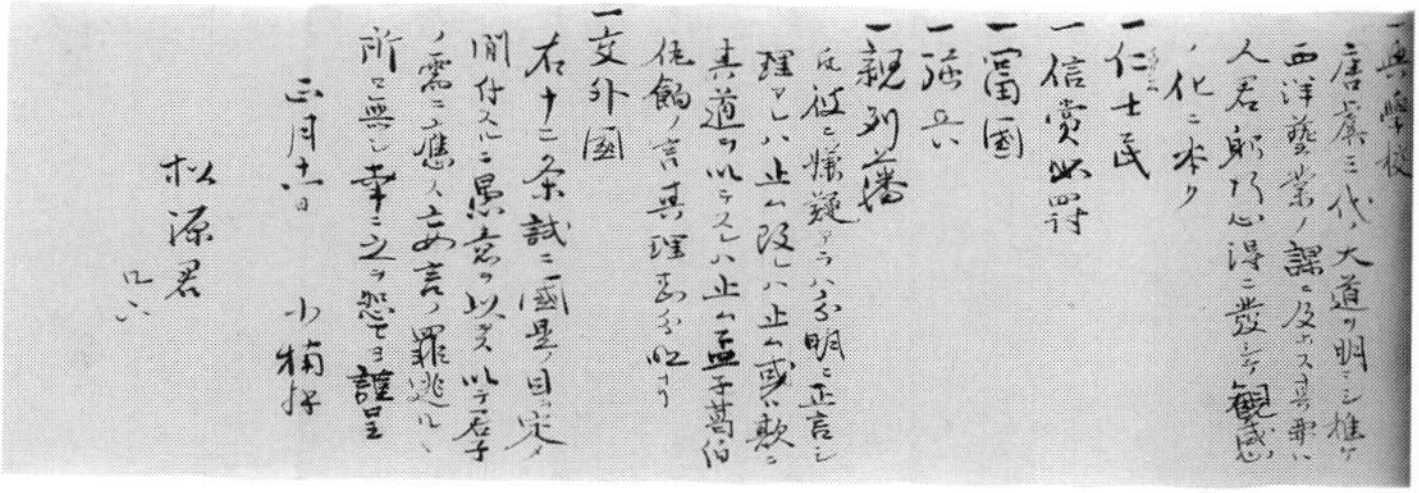

の物産の有無と物価を調査し、「商社」を結んで万国に通商しているので、外国と日本を比べれば大人と子どもの様であると述べている。さらに、ロシア・イギリス・フランス・スペイン・オランダの五国と中国の天津・定海・広東の港に日本の商館を設置し、国内には商社を設け、身分を問わずに入社させ、船を仕立てて交易に従事させることを提案している。また小楠は各国に公使を派遣し、日本の国体が改正になった事を布告する必要があるとも提言している。

朝廷からの召命

この建言書を書いた翌一二月、朝廷から長岡護美と小楠の召命が熊本藩の京都藩邸に届いた。京都の熊本藩重役の三宅藤右衛門と溝口狐雲から国元の書状には次のように記されていた。

横井平四郎儀御登用在らせらるべく候間、早々上京致し候是又御所より仰せ出だされるの趣き別紙の通りに御座候。同人はご案内の通りの身分にて天下の御政道を議され候参与局抔に差し出だされ候ては何共不都合に之あり候得ども、今般は更始御一新の御趣意に付き其辺の儀は朝廷にては一切御頓着在らせられざる儀と考えら候へば、一ト通りの仰立られにては相済申間敷、されば迚其の儘差し出だされ候てはご家中一統の物議何程に御座有るべき哉、甚だ以て懸念仕候。

（『伝記篇』九一二頁）

小楠は士席剝奪の処分を受けた一般人で、もはや藩士の身分ではないので、そのまま藩として引き受けることは出来ないが、朝廷ではそのことを知った上での召命であるから、簡単には断れないとの判断をしている。さりとて朝廷の召命に応じれば藩内で物議を起こすだろうとの意見を付けて熊本に送っている。小楠はこの情報を得て、明治元年一月三日付でアメリカに滞在している甥の左平太・大平に対して「拙者も一両日には上京仰せ付けらるべく御模様に相聞へ内々用意いたし居り候」（『遺稿篇』五一五頁）と、期待に胸を膨らませて上京の用意をしていると伝えている。しかし、熊本からは次のような返書が届けられ、一月一三日頃に朝廷に差し出された。

細川越中守藩中

横井平四郎

右は今般御新政の砌《みぎり》、博く天下の人才御諮《おんし》詢《じゅん》在らせられ候に付き御登用遊ばされ候間、早々登京仕り候様申し付くべき旨御沙汰の趣越中守国許にて承知奉り候。然る処右平四郎儀近年病躰に罷《まか》り成居り候事に付き如何躰にも朝廷の御用に指し出し難く御座候間、此の節　御召の儀は恐れ

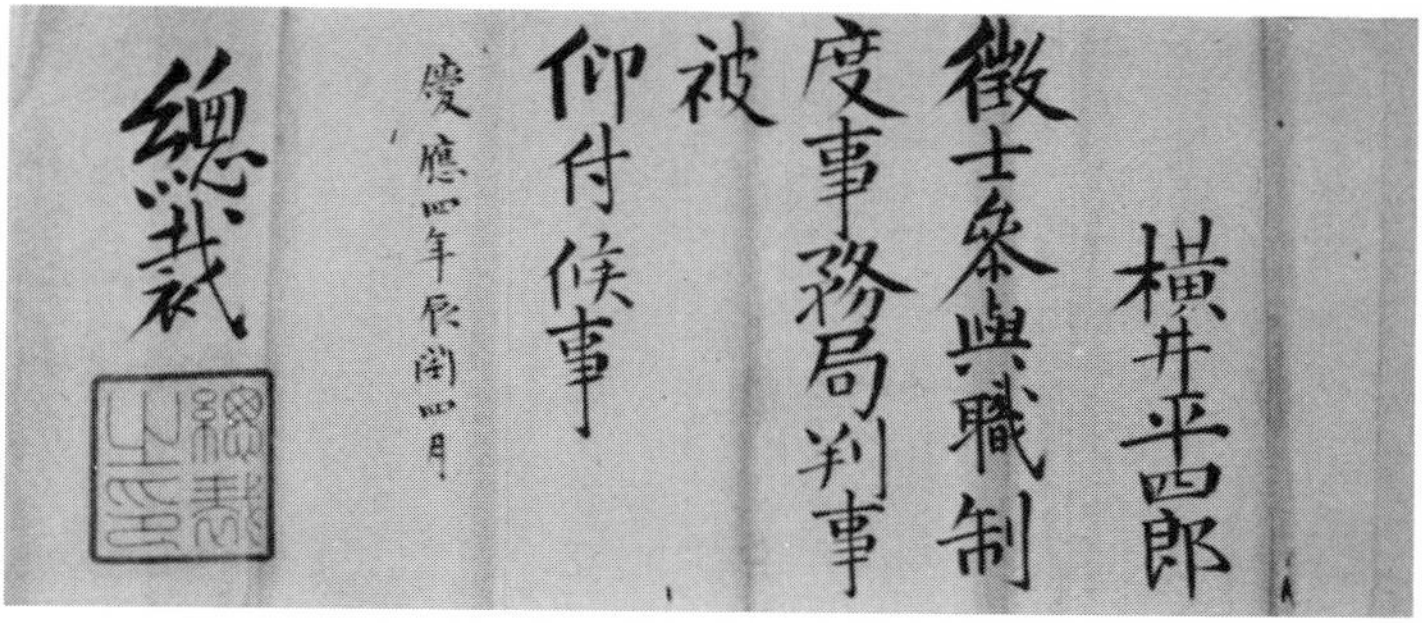
横井平四郎
徴士参与職制
度事務局判事
被
仰付候事
慶應四年辰閏四月
總裁

慶應四年に小楠のもとにくだった辞令

乍ら御免遊ばし下され候様願い奉り候。此段宜しく御執達願い奉り候様越中守申付越し候。以上。

（同前九一三頁）

以上のように、熊本藩では病気を理由に小楠の召命を断っている。しかし、熊本藩は一度断った長岡（細川）護美の召命には応じた。護美は二月に京都に到着し、三月一日に参与に任じられた。護美を通して岩倉具視に小楠の召命を断ったが、岩倉はそれを聞き入れず、召命に応じるよう強く申し入れた。岩倉の強い態度に断り切れず、これを受けて、「先年御咎によりて御知行召し上げられ、士席差し放たれ候処、今度朝廷より赦仰せ出だされ候に付き、士席返し下さる旨同二十日達及び候」（同前九一七頁）というように、小楠の士席を戻して召命に応じることにした。

小楠は四月四日に日に京都に到着したが、体調を崩してしばらく引き籠っていた。一二日から太政官に出勤し、制度局判事に任じられたと熊本の家族に報告している。最初は顧問という重職が当てられる予定であったが、松平春嶽によれば、小楠の飲酒癖や「密事漏洩僻」（『伝記篇』九二四頁）などの理由でこの職が用意された。

家族に宛てた手紙によれば、小楠は午前一〇時から午後四時頃まで勤務し、その後岩倉具視宅に出向き午後一〇時頃帰宅したと記している。それでも、四月二〇日付で大坂から家族に宛てた手紙には「四位の参与、古今比類なき仕合せ深く恐懼《きょうく》仕り、何ともいたし様之れ無く候」（『遺稿篇』五一九頁）と喜びを表している。さらに、翌月には「此節太政官御改正格別の御抜擢仰せ付けられ従四位下に拝任、匹夫の身誠に未曽有の天寵を蒙り実以恐れ入り奉り候」（「彌富千左衛門・矢野大玄宛」明治元年五月一〇日、『遺稿篇』五三三頁）と感激して伝えている。熊本では排除され、福井においても志半ばで退き、熊本藩から士席剝奪の処分を受けて沼山津に隠棲し、還暦を迎えた小楠にとって、この朝廷の召命はこの上もなく幸せな出来事であった。京都に到着した小楠は、はじめ大宮通の四条を下がった灰屋八兵衛方に間借りしたが、高倉通丸太町の井上九兵衛方に移った。ここも手狭となり、一二月には御所に近い、下御霊神社の前の寺町通竹屋町上るの大垣屋に移った。

病床に伏す

入洛後の小楠は病気がちで、一時は門弟を集めて明治天皇にあてた遺言の「遺表」を口述筆記させたほどであった。九月に入り小楠は自分の病状について「私も痳疾《りんしつ》再発にて去る五月末より引入長々養生仕候処様々に変態いたし、七、八月比は下血と相成り、其末小便閉いたし、一旦は必死の容態に相成候処不思議に都合宜敷漸々甘快に趣申候」（「彌富千左衛門・矢野大玄宛」明治元年九月二一日、『遺稿篇』五七一頁）と書き送っているが、その後も症状は回復しないままに新年を迎えることになった。小楠の病気については、『横井小楠』遺稿篇と伝記篇の著者であり、医師でもある山崎正董は「腎臓及び尿路の結核」という診断を下している。

このような厳しい状況にあっても、長男の又男（時雄）については「又男彌以書物手習等出精致すべく呉々祈申候。定て礼記は数編読み、文字失念も之れ無き事に存ぜられ候。此上四書・詩経・書経等跡よみ大切に候。太平記も下し候間読み方すらすら出来候様万々祈申候」と、学習上の指導をし、娘のみやにも「おみや手習益々出精と存候、定て人物も上がり候ておとなしく相成候。」と褒め上げ、「此暮比には何を遺し候やら、出精の都合により品物も宜敷事と相待申すべく候」（「宿元へ」明治元年一〇月五日、『遺稿篇』五七八頁）と努力に応じて褒美の品物を考えるという子煩悩な一面を見せている。

一一月になると小楠は歩行も困難な状態になり、一二月には家族に宛てた手紙で「此の難病相煩誠に以残念千万に存じ奉り候へ共是即天命にて一日も早く御免帰郷仕、本の沼山の匹夫に帰し天年を終候へば本望相達し申候」（「宿元へ」明治元年一二月一〇日、『遺稿篇』五九七頁）と望郷の念を募らせている。小楠はこの手紙を書いた一カ月後に、刺客の手によってこの世を去った。

4　小楠暗殺と天道覚明論

暗殺される

年があらたまり明治二年（一八六九）の正月を迎えた。小楠は五日に烏帽子と直垂の正装で太政官に赴き、天皇に拝謁し午後二時過ぎに駕籠に乗って御所を出て帰宅の途

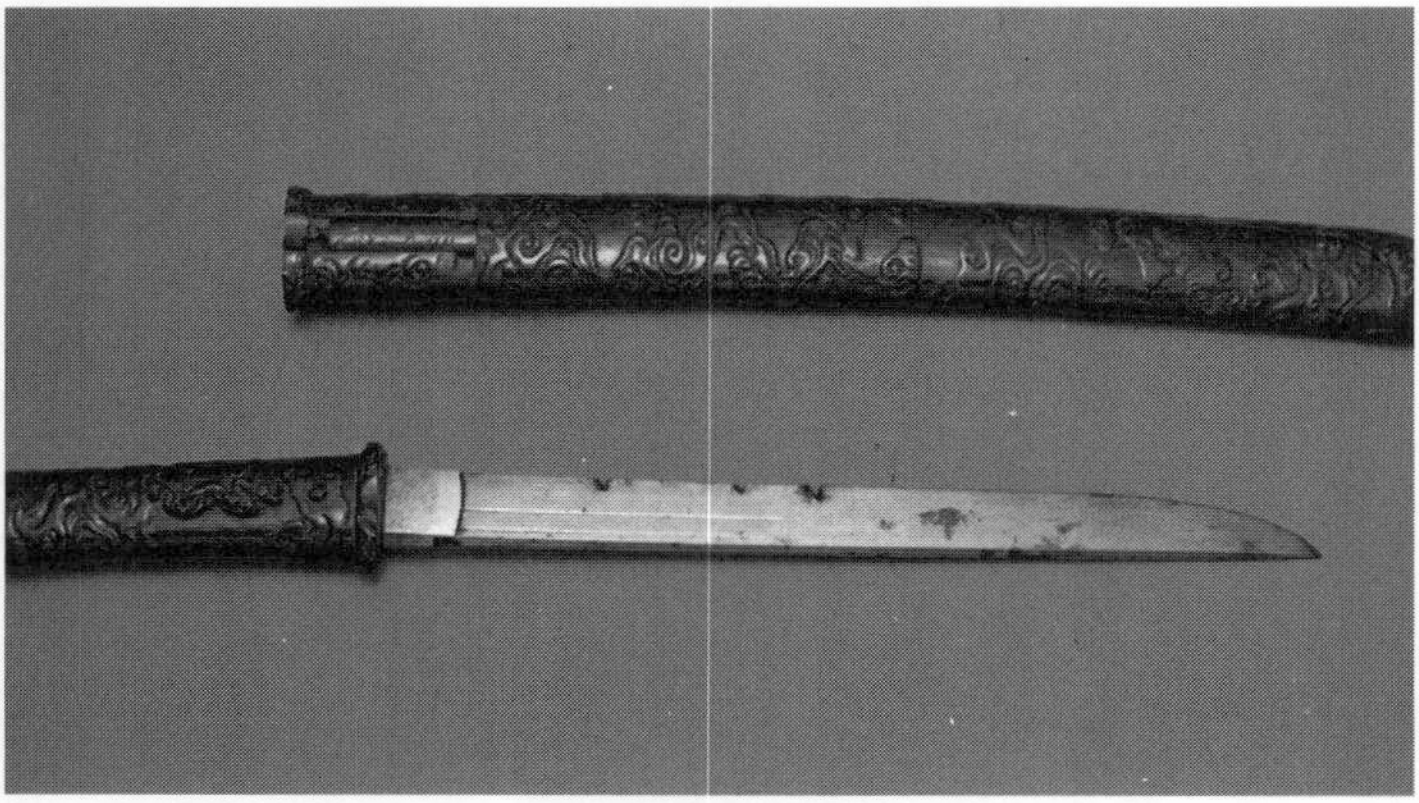

小楠遭難時の短刀

に就いた。寺町御門から寺町通を南下して丸太町通りに差しかかったところで、駕籠に向かって一発の銃声が響くと同時に数人が駕籠に向かって切りかかってきた。小楠は駕籠から出て短刀で応戦したが、病軀であったこともあり、間もなく首級を挙げられて絶命した。小楠の首級《しゅきゅう》を持って逃げた賊を若党の吉尾七五三之助が追いかけて取り戻した。

小楠暗殺の報を受けた維新政府では天皇を始め重臣に大きな衝撃が走り、勅使を派遣するとともに、犯人の逮捕に全力を尽くす旨の命が下された。実行犯は「十津川屯所」と呼ばれた剣道場に出入りする十津川郷士を中心とする六人であった。捕縛された刺客の一人は次の様な斬奸状を持っていた。

横井平四郎

此者是迄の姦計枚挙するに遑まあらず候得共姑之を舎く。今般夷賊に同心し天主教を海内に蔓延せしめんとす。邪教蔓延致し候節は皇国は外夷の有と相成り候事顕然なり。併　朝廷御登庸の人を殺害に及候事深く恐れ入り奉り候へ共、売国の姦要路に塞り居候時は前条の次第に立至候故已むを得ず天誅を加える者也。

天下有志

（『伝記篇』九八八頁）

これによれば、小楠がキリスト教を布教しようとしたことを暗殺の直接の理由に挙げている。西洋文明の基盤にキリスト教があり、これに対抗するために「三代の治道」を主張したことはこれまで見てきた通りである。キリスト教の導入に関しては、小楠は反対しており、最終的には、キリスト教は事業を推し進める利害教となり、良心を見失ってしまったという結論に達したことも、これまで明らかにしてきたところである。

「天道覚明論」をめぐる言説

小楠暗殺のもう一つの理由として、一部の公卿が親兵団を組織しようとしていたのを小楠が反対したことに対して恨みを抱いたという説がある（圭室諦成『横井小楠』三一五頁）。つまり、これらの刺客の背後に小楠の召命を快く思わず、小楠を排除しようとする公家がいたことが明らかにされている。小楠を暗殺した犯人の処分に対しては、事件が起きた同月の二一日に若江薫子という女性が犯人の助命の嘆願書を刑法官大原重徳に提出している。若江薫子は京都伏見宮殿上人若江量長の娘で、明治天皇の昭憲皇后が幼少の時から侍読として仕えた女性と言われている。

この嘆願書によれば「横井奸謀《かんぼう》の事は天下衆人皆存知候」と述べ、犯人を「報国赤心の者」であり、「純粋正義の名ある者」と弁護して、これに厳刑を加えると「天下正義の者忽朝廷を憤怒し、人心瓦解し収拾すべからざる御場合」(『伝記篇』一〇〇七頁)となるとし、減刑を嘆願している。さらに、弾正台からも小楠は耶蘇教を信奉する国賊であるから、犯人の罪一等を減ずべきであるとの意見書が提出された。小楠を暗殺した犯人の擁護に奔走したのは大原重徳であった。結局、刑部省では小楠が耶蘇教の信奉者であり国賊であるという証拠を提出するように弾正台に命じた。

弾正台では大巡察の古賀十郎を九州に派遣した。古賀は九月二八日に熊本に到着し、しばらく滞在した後、一〇月七日に阿蘇神社参詣した。そこで、阿蘇神社の大宮司から、古賀が参詣する前夜に「天道覚明論」と題された本文六五〇字からなる書付が投げ込まれたと手渡された。それによれば、日本は「頑頓固陋」で「世々帝王血脈相伝え、賢愚の差別なく其の位を犯し其の国を私して忌憚無きが如し」(『肥後藩国事史料』巻一〇、二〇八頁)という慨嘆すべきもので、「神州三千年、皇統一系、万国に卓絶する国」(同前二〇九頁)と称しているが、三千年などは「天道一瞬目の如し」である。また、今日において海外諸国は「天理の自然」にもとづいて文化の域に至っているのにただ日本一国だけは「帝王代わらず汚隆なきの国と思い、暴悪愚昧の君といえども、堯舜湯武の禅譲放伐を行う能わざれば、其の亡滅を取る必せり」(同前)というように、万世一系の天皇親政を否定するような文章が続いている。別紙には、「東皐《とうこう》野人」というかつて小楠の弟子であった人物が慶應三年(丁卯三月)に小楠が書いたものを筆写して持っていたが、小楠暗殺の後、小楠の見解の過ちを悟ったとして、阿蘇大宮司に一冊を奉呈したいと書かれている。しかし、これを投げ入れたものは「別紙一冊今度大巡察司当地へ巡察に相成り候に付吾党十三人直に巡察司目通に呈し度存候処多人数相憚り幸に貴殿勤王の有志なるを聞き之に依りて巡察に御取次呈進下され度願奉り入り候」（同前二〇八頁）と表書きした上で、「集議局十三人の内　長谷信義」と記している。大巡察の古賀はこれを京都に持ち帰ったが、長谷信義なる人物は実在せず、事情をよく知っている大宮司の阿蘇惟治に入洛を促したが、再三の要請にも応じず、小楠が書いたものかどうかについては詳しく知らず、これ以上探索する方法がないと手紙を送ってきた。（『伝記篇』一〇二二頁）

「天道覚明論」が小楠の著作であるかどうかについては、古くは森鷗外が小楠を暗殺した人物をテーマにした『津下四郎左衛門』という短編小説の中で、「天道覚明論」の一部削除して掲載し、「大意は『人君何天職』の五古を敷衍したものである。そしてこれを横井の手に成れりとせむには、余りにも拙である」（『鷗外全集』第一六巻五四頁）と述べている。鷗外は「天道覚明論」が小楠の「沼山閑居雑詩」の血統論を否定した詩を敷衍したものであると記している。また、徳富蘇峰は鷗外と同様、稚拙な文章であることを以て小楠が著したものではないと断定している。また、蘇峰は、小楠の血統論否定は「先生が幕府の末路、封建政治の末期に居られたことを前提として考えなくてはなりません」（『故横井時雄君追悼演説集』九頁）と述べ、封建世襲制を否定したのであって、万世一系の天皇を否定したものではないと記している。

「天道覚明論」が小楠の著述であるとし、これを書き写して小楠の思想の根本的な誤りと指摘した

小楠が凶刃に倒れた京都丸太町

「東皐野人」をかつての実学党の同志である元田永孚と断定する説（堤克彦『横井小楠』西日本人物誌一二）もあるが、これに関しては、松浦玲が詳細に反論を加えている（『増補版　横井小楠』補論参照）。また、源了圓は、一歩踏み込んで「天道覚明論」は阿蘇神社大宮司阿蘇惟治の子弟の師であった本島四郎という儒者と惟治の合作であると主張している（源了圓『横井小楠研究』第三部「明治の横井小楠」

参照）。

「天道覚明論」は小楠を刺殺した犯人を弁護するために書かれものではあるが、その内容はきわめて小楠の思想の核心をついている。小楠が血統論を否定したのは、徳川幕府の封建世襲制に対する批判に限定するものであり、決して廃帝論を意味するものではないという徳富蘇峰の説が、『遺稿篇』と『伝記篇』の編者である山崎正董に継承されて通説とされてきた。しかし、松浦玲は天皇といえども小楠の君主論（「その器でなければ取りかえねばならないという強力な普遍的理論」）の例外ではなかったと主張する。松浦玲は「この偽書は、小楠の本質を鋭く衝いている。それはまた、小楠が生き続けた場合の、彼と明治国家との関係を暗示するものでもあった」（同前二七九頁）と結論づけている。説得力に富んだ主張である。小楠にとって、明治天皇は「三代の治道」を実行する英明な君主でなければならなかった。万世一系の血統論に依拠した天皇観を抱く尊王攘夷派の連中にとって、小楠は文字通り危険な存在であり、排除の対象になったのである。

小楠の首級をあげた津下四郎左衛門以下、暗殺に関わった人々は翌明治三年（一八七〇）一〇月に死罪に処せられた。小楠は南禅寺の天授庵に埋葬されたが、貧弱な墓石に「肥後故臣参与横井平四郎」と刻まれていたのを、門弟の竹崎律次郎が明治七年（一八七四）に「沼山横井先生墓」と刻んで新たに墓石を建て直した（口絵二頁）。

終　章　小楠の良心論

1　朝廷への建白

小楠は召命を受けてから暗殺されるまでの九カ月間朝廷に出仕したが、体調が思わしくなく、ほとんど病気がちであり、そのため建白書の類も多くはない。残されているのは、議政（立法）と行政（行法）の分立を述べた「議事の制に就きての案」と案件の処理の事務手続きに関する流れを説いた「処務案」、朝廷で用いる朝服、羽織袴を着用する平服、兵事に着用する戎服と帯刀以上は総髪とすることを提唱した「服制案」の三つの提案からなる「時務私案」と明治元年一一月八日の日付が記された「会津・仙台の処置に関しての御詢に答ふ」がある。後者では会津と仙台の罪状の断罪は徳川家と同様にすることを主張したものである。

朝廷での仕事

この他に、年月は不明の「中興の立志七條」がある。源了圓によれば岩倉具視が「明治国家の中枢としての天皇にふさわしいあり方」（源了圓『横井小楠研究』三六七頁）を小楠に相談した結果、小楠がこれを書きあげたとされている。いわば、明治天皇の「在り方」を説いた提案である。

明治天皇の在り方

小楠は明治天皇に対しては、家族に次のように書き送っている。

主上日々御出座、議定・参与召し出だされ万事聞し召され候。（中略）千余年来絶えて之れ無き御美事に御座候。御容貌は長かほ御色はあさ黒く在らせられ御聲はおふきく御せもすらりとあらせられ候。御気量（龍顔を云う）を申し上げ候へば十人並にも在らせらるべき哉、唯々並々ならぬ御英相にて誠に非常の御方恐悦無限の至りに存じ奉り候。

（「宿元へ」明治元年五月二四日、『遺稿篇』五三五頁）

天皇が直接政治の場に出てくることは、千年来の美事であると称賛しているが、小楠にとって明治天皇は血統論を越えた、堯舜のような有徳の君主でなければならなかった。

「中興の立志七條」で小楠は天皇に次のような内容を求めている。

一．中興の立志今日に有り。今日立つことあたはず、立んことを他日に求む。豈此理あらんや。

一．皇天を敬し祖先に事ふ、本に報ずるの大孝なり。

一．万乗の尊を屈して匹夫の卑に降る。人情を察し知識を明らかにす。

一．習気を去らざれば良心亡ぶ。虚礼虚文、此心の仇敵にあらざらんや。

一．驕怠の心あれば事業を勉ることあたはず。事業を勉めずして何をか我霊臺を磨かんや。

一．忠言必ず逆ひ、巧言必ず順ふ。此間痛く猛省し、私心を去らずんばあるべからず。

一．戦争の惨怛万民の疲弊、之を思ひ亦思ひ、更に見聞に求れば自然に良心を発すべし。


（『遺稿篇』一〇一頁）

王政復古が始まった今こそが「中興の立志」を立てる時であり、天を敬して祖先に仕える事が「大孝」であると、天皇の神道行事を儒教的に解釈した後、人民の「匹夫の卑」まで降って、「人情」と「知識」を得る事。さらに、朝廷の古い習慣は「良心」の仇敵であると退けることを勧めている。人君として「事業」（政治）を実行するうえで「驕怠《きょうたい》の心」を克服して心を磨くことが大切であると述べている。また、「巧言」よりも自分の意とすることには逆らう「忠言」を受け入れて、「私心を去る」ことが重要と指摘している。最後に、君主として一番重要な事は、万民に惨憺たる被害を与える戦争を避ける事を「之を思ひ又思ひ」としっかりと認識し、見聞を広めてゆけば良心は自然と発揮することができるというのである。小楠はここで、万世一系の血統に依拠した天皇よりも、堯舜のような徳を積んだ「人君」としての天皇を描いている。まさに「三代の治道」を実践できる資質を持った統治者としての天皇像である。

2　天皇への遺言

幻の「遺表」

小楠は明治元年の夏に重篤な状態におちいったことがあった。その際、明治天皇に宛てた遺言として、弟子に口実筆記させたのが「遺表」である。その存在は知られていたが、『遺稿篇』にも集録されておらず、長い間、幻の史料とされてきた。それが一九八七年に徳永洋によって発見された（徳永洋『発見！　感動!!　横井小楠』及び源了圓編『別冊環⑰　横井小楠』参照）。ここで小楠は明治国家における天皇の在り方を説いている。

第一条では「良心」の基本概念を説いている。「人の良心は道の本也」であり、この良心は全ての人間に備わるものである。良心に従って行動することが「誠」である。民に「仁政」を施そうとするならば「慈愛の誠」でなければならない。「王者天意を受けて天下を治めることは他なし、只此の良心に発して是を行う而已」である。仏教や耶蘇教を信仰する外国はすべて「利害一途」の政治が行われ「本然の良心」に基づいていない。今天皇がこれを理解して「正路に帰」せば「王化遂に四夷に達」して「本朝の幸い而已ならず、宇内の大幸」となる。

第二条では天皇の良心の弊害となっている宮廷の改革に言及している。「天下の治乱、万民の苦楽」は「人主の一身」に基づいているので、天皇の「好悪」が少しでも偏重すれば、「良心の発顕」が忽ちに塞がってしまう。また、天皇の存在に関して「自尊大を事とし、その接する所は二三の臣と宮嬪とのみ」とすればそ、「天下の情」をくみ上げる事が出来なくなり、天下が乱れることになる。現在維新の時であるので「虚礼、虚文」を廃し、「衆庶に御親臨在らせらるべく」、自ら親しく仁政を施すことが重要で、「推古帝以来の因循にて女官左右に近侍し事に預る事、最失礼の甚き事」である。この他、天皇の「驕泰安佚《きょうたいあんいつ》の風」を悉《ことごと》く改革し、「公平正明の御心」を養い着実に「神武の古」に帰らなければならない。

第三条では天皇が自ら国民の前に姿を現す「巡幸」の必要性を説明している。この度の関東巡幸は「衆庶方向相さだまり」という結果を得、諸大名も「王化に復す」ことになる。しかし、治道は一時に大成するものではなく、歳月を積んで倦《う》まず怠らずの努力が必要である。この巡幸で事足れりとするのではなく、古の「明天子」は「東西に跋跡し、南北に馳駆」したという。願わくば、天皇が関東に限らず、「皇国七道、或は陸路或は海路、その時宜に応じ、四方に御巡幸」されて、「知府県令、藩主幷其重臣に至るまで、御前に召」され親しくされて、各地の事情を知ることが大切である。

第四条は外交の基本に言及したものである。外国との交際についてはこれまで「国是不定して、利害の論紛々と起こり、人情も随て動揺す」という有様であった。この世界には万国が従うべき「条理」というものがある。「譬ば彼暴を以て来るとも、我条理を立て撓《たわ》めざれば、何ぞ侵す事を得んや」というように、相手が力できたとしても、毅然と条理をもって対応すべきである。利害得失を顧みず「自然の条理に従う」ことが外国交際の第一義である。（源了圓編『別冊環⑰　横井小楠』二一七〜二一八頁）

小楠にとって「良心」とは何だったのか

これを見ると「中興の立志七條」よりも具体的である。ここで説かれている「良心」という用語に関して、源了圓はアメリカに留学してT・L・ハリスのコロニーに滞在していた森有礼と鮫島尚信が明治元年九月一〇日前後に京都の小楠を訪問して、conscience を「良心」というように使用したので、「良心」の重要性を認識した小楠が「中興の立志七條」で「良心」の語を用いたという仮説を立てている。しかし、万延元年（一八六〇）年の「国是三論」で小楠は諸物産の生育や製造に関して官で実験を済まして民間に教え導くに際して「惻怛《そくたん》の良心を以てすべし」とか、立花壹岐《たちばないき》に宛てた手紙の中でも政治の要諦としての「自脩《じしゅう》」を「真実に私情智術を去り本来の良心を推及すること」（『遺稿篇』六一二頁）と説明している。立花の手紙は年代不詳となっているが文中に「京師・関東両立の勢」とあるように、王政復古以前であることは明らかである。この他にも、小楠は「良心」という用語をしばしば用いている。conscience の意味は「神と共に知る」というように、極めて宗教的な意味で用いられていて、『孟子』の良心説とはかなりかけ離れている。それよりも、「遺表」は森や鮫島と出会う前に書かれており、そこで述べられている「良心」の観念は孟子の「本然の良心」の意味で用いられていることは明らかである。

小楠が明治天皇に求めたのは、「三代の治道」を行った堯・舜のような血統に頼らない有徳の仁君に他ならなかった。儒教の概念を普遍化させたように、「良心」もまた普遍的な理念として用いられている。だからこそ、「事業の学」を押し立てて利益追求に走る西洋と彼らが信奉するキリスト教を良心を失った宗教と見る事が出来たのである。

3　良心論の行方

小楠の後継者たち

維新後、小楠の門弟らが中心となって熊本に実学豪農党の政権が誕生し、熊本洋学校を始め、先進的な改革が推進された。熊本洋学校に着任したお雇い外国人のL・L・ジェーンズに師事した学生の中から熊本バンドと呼ばれるキリスト教を信奉する若者が登場した。熊本洋学校が閉鎖されると、彼らは創設間もない京都の同志社英学校に大挙して入学した。同志社は、元治元年（一八六四）に脱国して、一〇年にわたってアメリカで学び、キリスト教徒となった新島襄が明治八年（一八七五）に創設した英学校である。

小楠の長男である横井時雄は後に同志社の社長（総長）に就任し、小楠の長女の横井みやは熊本バンド出身で後に同志社総長に就任する海老名弾正に嫁いでいる。「遺表」は海老名が大切に保管し、良心論を「小楠学の極意」と評価した。小楠の良心論は、高弟の徳富一敬の嗣子である徳富猪一郎（蘇峰）にも継承された。

徳富蘇峰の「良心」

蘇峰は熊本洋学校時代にキリスト教に関心を持ち、熊本バンドを生み出した花岡山の盟約に参加した。熊本洋学校の閉鎖と共に東京英学校に入学したが、明治九年（一八七六）に同志社に転校し、同年の一二月に新島襄から受洗している。その翌年には大西祝・元良勇次郎らと同心交社というグループ内で、知育よりもキリスト教信仰による徳育を強調するバイブル・クラスの神学生らと対立した。明治一三年（一八八〇）の学級合併問題を期に蘇峰は退学した。同時に所属していた教会の京都第二公会からも除名され、キリスト教からも遠ざかっていった。大西祝や元良勇次郎も相次いで同志社を去ったが、大西祝は後に良心を哲学的に考察した『良心起源論』を書いている。この頃から蘇峰は「良心」という用語を使っていたようである。新島は同志社を去った蘇峰に対して「如何に智能あるも、如何に学力あるも、如何なる事業を天下に為すも、生の足下の為に取らざる所なり」（「徳冨猪一郎宛」明治一五年七月二八日、『新島襄全集三』二二三頁）と書き送って、「自己の良心に照して言行合一せしむるの点を勤」めよと忠告している。新島は「我が良心を真理に照準して使用し、天より賦与する所の力を尽くして一生を終わらんと欲するのみ」（同前）というように自分自身は「良心」を「真理に照準して使用」していると述べている。それ以前の新島は「良心」という用語を用いず、たとえば明治一三年（一八八〇）に小崎弘道に与えた手紙では「今日些少の障壁又は少しくコンシヨンスを傷むる等の為に国家之大鴻益となるべき伝道に損失をあたへしむるの時に非ず」（同前一七四頁）と「コンシヨンス」(conscience)を用いている。新島が「良心」という用語を使い始めるのは、明治一五年（一八八二）以降の事である。その後、新島は文明の四元素として「智識・財産・自由・良心の働きを養成する事」（『新島襄全集一』三八九頁）を挙げているが、「良心の働きを養成する事」では、「道徳」という用語をあてて、「良心の働きを鋭くする事、真理に順ひ真理にに反かぬ事、神の愛する所を愛し、神の悪む所を悪む」（同前三九一頁）と、良心はキリスト教の真理と合わせて用いている。

他方、蘇峰は明治一八年（一八八五）に書き上げた「第十九世紀日本の青年及び教育」（後に『新日本の青年』）で、平民社会の人民を「又曷んぞ其の人物の荘重謹厳にして、其の一挙手一投足と雖ども、クロンウエルが所謂る良心を手腕に運用するが如きの挙動あるをそれ疑はんや」（近代日本思想体系八『徳富蘇峰集』九頁）と表現している。これに近似した表現が、明治二一年（一八八八）に公表された「同志社大学設立の旨意」にある。これは新島から依頼された蘇峰が新島の意をくんで書き上げたものである。その中で、同志社教育の目的を「独り普通の英学を教授するのみならず、其徳性を涵養し、其品行を高尚ならしめ、其精神を正大ならしめんことを勉め、独り技芸才能ある人物を教育するに止まらず、所謂る良心を手腕に運用するの人物を出ださんことを勉めたりき」（『新島襄全集一』一三二頁）と表現された一節がある。同志社大学設立の趣意書には新島の手になる素案がいくつかあるが、そこでは「良心」という用語は出てこない。また、これ以降も新島が「良心」を重要視して取り上げることはほとんどなかった。それよりも同志社が目指した人物教育は「人心を支配するの能力を失ふたる儒教主義の能くす可き所に非す、唯上帝を信じ、真理を愛し、人情を敦くする基督教主義の道徳に存することを信じ、基督教主義を以て徳育の基本と為せり、吾人が世の教育家と其趨を異にしたるも茲に在り」（同前）というように、小楠が良心を失ったとみた基督教主義による道徳であった。

次に蘇峰が「良心」を持ち出すのは、日中戦争から太平洋戦争に差しかかる時期である。

一九三〇年代にはいるとキリスト教主義を標榜する同志社は軍部、とりわけ配属将校らによって様々な抑圧を受けるようになる。武道場に掲げてあった新島襄の写真を下ろして、神棚を祭る様に学生に指示したり、学生を扇動してキリスト教の儀礼の廃止を主張してチャペルに籠城させるなど、ますます軍部の要求が激しくなった。さらに、配属将校は同志社からキリスト教主義の教育理念を排除する要求を突き付けた。そこで、湯浅八郎総長と蘇峰が相談し、教育方針を良心主義に転換する方針を打ち出した。一九四〇年の新島襄没後五〇周年を記念して良心教育に関する碑を建立することになり、良心について新島が言及している言葉を探したところ、明治二二年（一八八九）一一月二三日付の学生横田安止に宛てた手紙の一節に「益良心之全身ニ充満シタル丈夫ノ起コリ来ラン事ヲ望ミテ止マザルナリ」（『新島襄全集四』二四五頁）という個所を見つけ出した。これを用いて、同志社教育の目的を「良心教育」という表現に変えて、キリスト教色を弱め、時代風潮と調和するイメージを作り上げようとした。

新島の手紙の内容は、この前文に「政治上ノ実況ハ実ニ実着ナル真面目ナル男児ノ乏シキヲ覚ヘ」とあり、続けて上述の良心に関する言葉が続く。その後で、日本の政治の腐敗を詠った次の漢詩が掲載されている。

有感

徒《いたずら》に公事に仮て私欲を逞しくする。慷慨《こうがい》して、誰か天下の憂に先んじる廟議未だ定まらず、国の歩みは退く。英雄起こらずんば神州を奈せん。

（同前）

新島は教育理念を述べたのではなく、クロムウエルのような英雄が起こって日本の政治を刷新することを願った内容と理解するほうが自然である。蘇峰の狙いは、「良心教育」は小楠が明治天皇に宛てた遺言にも示されていて、キリスト教主義に代わりうる教育理念として、軍部からの攻撃をかわそうとするところにあった。総力戦体制下で同志社がキリスト教主義に代わって「良心主義」を高々に宣言したのであるが、そこに隠された小楠の平和主義を知るものは何人いたのであろうか。

参考文献

阿部吉雄『日本朱子学と朝鮮』東京大学出版会、一九六五年
小澤三郎『幕末明治耶蘇教史研究』日本基督教団出版局、一九七二年
鎌田浩「熊本藩の支配機構（三）」『熊本法学』一九号、一九七二年
後藤陽一・友枝龍太郎（校注）『熊沢蕃山』（日本思想大系三〇）、岩波書店、一九七一年
信濃教育会編『象山全集』巻三、信濃毎日新聞、一九七五年
竹内力雄「同志社『良心碑』文言考――「良心」の出典をめぐって」『新島研究』第九五号、二〇〇四年
圭室諦成『横井小楠』吉川弘文館、一九六七年
堤克彦『横井小楠』西日本人物誌一一、西日本新聞社、一九九九年
堤克彦『横井小楠の実学思想――基盤・形成・転回の軌跡』ぺりかん社、二〇一一年
＊横井小楠の新史料を駆使して小楠の実学の特質を明らかにした著書。
徳永新太郎『横井小楠とその弟子たち』評論社、一九七九年
徳富蘇峰「横井小楠」『故横井時雄君追悼演説集』アルパ社書店、一九二八年
徳冨蘆花『竹崎順子』（蘆花全集第一五巻）、蘆花全集刊行会、一九二九年
徳永洋『発見！　感動!!　横井小楠――郷土の偉人に魅せられて』自家版、二〇〇〇年
＊これまで散逸していた小楠の「遺表」を発見して掲載している。

＊家庭生活における横井小楠と関係する人々を描いている。
徳永洋『横井小楠――維新の青写真を描いた男』新潮社、二〇〇五年
内藤泰吉『北窓閑話』氏友社、一九二七年
中根雪江『再夢紀事』日本史籍協会（国立国会図書館デジタルコレクション）、一九二二年
中根雪江『続再夢紀事』第一～六巻、日本史籍協会（国立国会図書館デジタルコレクション）、一九二一～一九二二年
＊福井藩士中根雪江が残した幕末の福井藩政の記録。福井藩における小楠の動向を知る基本史料。
平石直昭・金泰昌編『公共する人間三　横井小楠』東京大学出版会、二〇一〇年
細川家編纂所『肥後藩国事史料　改訂』国書刊行会（国立国会図書館デジタルコレクション）、一九七三年
＊熊本藩と横井小楠の関係を知る基本史料。
正宗敦夫『増訂　蕃山全集』第一冊、名著出版、一九七八年
正宗敦夫『増訂　蕃山全集』第三冊、名著出版、一九七九年
松浦玲『増補版　横井小楠――儒学的正義とは何か』朝日新聞社、二〇〇〇年
＊思想史的な方法から横井小楠を叙述した、小楠研究に必読の著書。
松村明・尾藤正英・加藤周一（校注）「西洋紀聞」『新井白石』（日本思想大系三五）、岩波書店、一九七五年
三上一夫『横井小楠の新政治社会像――幕末維新変革の軌跡』思文閣出版、一九九六年
三上一夫『横井小楠――その思想と行動』吉川弘文館、一九九九年
源了圓編『別冊環⑰　横井小楠――一八〇九―一八六九』藤原書店、二〇〇九年
源了圓『横井小楠研究』藤原書店、二〇一三年
＊横井小楠の学問の系統や小楠思想を倫理思想的に明らかにした著書。

三宅正彦「朱子学・近世思想の基底」『伝統と現代』第二二号、伝統と現代社、一九七三年
武藤厳男編『肥後先哲偉蹟　正・続合本版』隆文館（国立国会図書館デジタルコレクション）、一九一一年
＊熊本藩で藩校時習館の教授などを知るうえで基本的な史料。
元田永孚「還暦之記」元田竹彦・海彦宗臣編『元田永孚文書』第一巻、元田文書研究会、一九六九年
＊熊本藩における実学党の形成と藩校時習館における小楠の動向を知るうえで基本的な文献史料。
本山幸彦『横井小楠の学問と思想』大阪公立大学共同出版会、二〇一四年
＊横井小楠の学問観の変遷を知るうえで必読の書。
諸橋轍次・安岡正篤監修『四書集注』（上）（朱子学大系第七巻）、明徳出版社、一九七四年
山崎益吉『横井小楠の社会経済思想』多賀出版、一九八一年
山崎正董編『横井小楠　遺稿篇』明治書院、一九三八年（復刻版、大和文芸図書、一九七七年）
＊横井小楠の著作及び書簡など、小楠研究の基本的な文献史料を網羅して掲載している。小楠研究には必読の文献。
山崎正董編『横井小楠　伝記篇』明治書院、一九三八年（復刻版、大和文芸図書、一九七七年）
＊横井小楠の生涯を『横井小楠　遺稿篇』に収集していない史料も駆使して描いている。小楠研究には必読の文献。
山口県教育会編『吉田松陰全集』第七巻、大和書房、一九七二年

あとがき

横井小楠を卒業論文のテーマにしたのは半世紀も前の事である。恩師である京都大学名誉教授の本山幸彦先生から頂いたテーマである。大学紛争の渦中にあって、吉田松陰の変革思想を卒業論文のテーマにする予定であったが、先生は横井小楠研究を強く勧められ、先生が書かれた学会論文を見せていただいた。修士論文では横井小楠の儒学革新をテーマに書き上げた。それから二十数年の時を経た或る酒の席で先生は「沖田君が松陰をやったらテロリストになるかも知れんから、小楠を勧めた」と冗談を言われたが、いま半世紀の時を隔ててその意味がようやく理解できるようになった。時代を変えるとはどういうことか。時代を超えて変わらないものは何か。変えてはいけないものは何か。横井小楠の研究を通して本山先生が私に教えようとされたことである。

横井小楠研究において、大きな影響を受けた御二人の先生がいる。一人は、松浦玲先生である。先生の横井小楠研究を初めて拝読して以来、著書を通して、または研究会を通してご教授をいただいた。とりわけ朝日選書の増補版の『横井小楠』は私にとって大きな衝撃であった。この書物の副題「儒学的正義とは何か」が示しているように、横井小楠を読み込むことが現代の課題に繋がっていることを知った。現代と繋がらない歴史研究であってはならないことも学んだ。

もう一方は源了圓先生である。日本思想史学会の会長でもあった先生からは、思想史の見方を学んだ。源先生の小楠研究の集大成である『横井小楠研究』からも大きな示唆を戴いた。先生の哲学的・倫理学的な論の深め方は、他の小楠研究には見られないものである。

私はこれまで伝記的な人物研究にはあまり関心がなかった。むしろ時代の課題をその人物がどのように担い、格闘し、変容したか、または挫折したかに関心があった。人物研究の新しい方法については、源了圓先生の『徳川合理思想の系譜』（中央公論社、一九七二年）や子安宣邦先生の『「事件」としての徂徠学』（青土社、一九九〇年）から多くを学んだ。

この評伝はこれらの先人の研究に負うところが大きい。脱稿するまで凡そ三年を要したが、古希を迎えて大学を定年退職してから、ほとんどの時間を執筆に充てることができた。私のこれまでの研究上の過ちや、新たに発見した部分など、楽しみながら小楠と向き合うことができた。

この機会を提供していただいたミネルヴァ書房と、根気よく原稿を読んでいただき、何かと貴重なアドバイスをいただいた編集部の島村真佐利さんに感謝いたします。

二〇二一年二月十日

沖田行司

横井小楠略年譜

和暦	西暦	齢	関係事項	一般事項
文化 六	一八〇九	1	8・13熊本城下内坪井町に熊本藩士横井時直（禄高一五〇石）の次男に生まれる。	イギリス船琉球に来航し貿易を求める
一三	一八一六	8	この頃、藩校時習館に入学。	
天保 二	一八三一	23	父時直死去。兄左平太（時明）家督を相続。	
四	一八三三	25	6月時習館居寮生となる。	全国で米価騰貴し、打ちこわしが起こる。
六	一八三五	27	9月時習館訓導宅に放火、士分一九人。百姓六四人罰せらる。	美濃・秋田で打ちこわしが起きる。
七	一八三六	28	4月講堂世話役、11月居寮世話役。	駿府・三河・大坂で打ちこわしが起きる。
八	一八三七	29	2月居寮長に抜擢される（毎年米一〇俵）	大塩平八郎の乱。モリソン号浦賀に来航。
九	一八三八	30	『寓館雑誌』執筆。この頃、時習館改革に着手。	緒方洪庵、大坂に適塾を開設。

一〇	一八三九	31	3月江戸遊学を命じられる。4月林大学頭に入門。佐藤一斎・藤田東湖等と交わる。12月藤田東湖の酒宴の出席し他藩士と争論。	幕府は渡辺崋山・高野長英を捕縛。
一一	一八四〇	32	2月酒失により帰国命令。水戸・東北遊歴を断念。12月閉塞七〇日の処分を受ける。「学問のし直し、人生の立て直し」に没頭。	アヘン戦争始まる。
一二	一八四一	33	「時務策」を著し藩政を批判。（天保一四年説もある）	幕府の天保の改革はじまる
一四	一八四三	35	家老長岡監物・下津久也・荻昌国・元田永孚と実学の研究会を始める。この頃より、私塾を開き徳富一敬ら物庄屋の子弟が入門。	オランダ国王、将軍に開国の勧告書を送る。
弘化 二	一八四五	37	「感懐十首」をつくり、実学を提唱。	
三	一八四六	38	兄に従って相撲町に転居。一室を講義兼自室に充てる。	アメリカ東インド艦隊司令長官ビドル浦賀に来航し、通商を求める。
四	一八四七	39	3月塾舎を新築、小楠堂と名付ける。	幕府、相模・安房・上総の沿岸警備を強化。
嘉永 二	一八四九	41	10月福井藩士三寺三作、小楠を訪ね、小楠堂に逗留。熊本藩主細川斉護」の三女勇姫、福井藩主松平春嶽に嫁ぐ。	

四	一八五一	43	2月上国遊歴のため熊本を出発、山陽道から機内・東海道・北陸道など二〇藩を回り、福井藩にしばらく滞在。八月に帰郷。	土佐の漁師中浜万次郎、琉球に帰着。
五	一八五二	44	福井藩の学校設立の諮問に応じて、『学校問答書』を書いて送る。	オランダ商館長、幕府に明年アメリカの使節が来航し、開国要求すると予告する。
六	一八五三	45	1月『文武一途の説』を福井藩に送る。2月小川ひさと結婚。10月熊本を訪問した吉田松陰と会談。10月頃『夷虜応接大意』を執筆。	6月アメリカ東インド艦隊司令長官ペリー大統領の国書を持って浦賀に来航し開国を要求。7月ロシアのプチャーチンが長崎に来航。
安政元	一八五四	46	7月兄時明病死。9月家督を相続。	3月ペリー再び来航し、日米和親条約を締結。吉田陰密航を企て捕縛される。
二	一八五五	47	3月頃長岡監物と絶交。5月沼山津に転居。10月生後間もない長男死去。11月妻ひさ病死。	7月長崎に海軍伝習所を創設。10月江戸大地震で藤田東湖死去。
三	一八五六	48	矢島つせと再婚。「沼山閑居雑詩十首」を詠む。	
四	一八五七	49	福井藩から小楠招聘の要請に熊本藩は断るが、春嶽の再三の要請に応じる。10月長男又男（時雄）誕生。	幕府、朝廷にアメリカと通商条約締結の旨を伝える。
五	一八五八	50	3月熊本を出発し4月に福井着、五十人扶持を受け	3月天皇、条約調印を拒否。6

			る。8月実弟永嶺仁十郎死去。12月三寺三作等を伴い熊本に帰る。	月幕府、日米修好通商条約・貿易章程に調印。紀伊の徳川慶福を将軍継嗣と決定。幕府、不時登城をした水戸斉昭・徳川慶恕・松平春嶽に謹慎を命じる。
六	一八五九	51	5月再び福井に赴く。福井藩の富国政策を指導。8月長岡監物死去。12月母かずの重病の知らせで熊本に戻るが、11月に母は既に死去。	10月橋本左内刑死。同月吉田松陰刑死。
万延元	一八六〇	52	3月三度福井藩の招聘に応じる。この年の秋に『国是三論』を起草。	1月勝海舟ら咸臨丸でアメリカに向かう。3月桜田門外の変で井伊直弼殺害。
文久元	一八六一	53	松平春嶽の招聘で江戸に赴き、春嶽・茂昭の諮問に応える。8月江戸を発ち福井を経由して10月に熊本に戻る。榜示犯禁事件を犯す。	長州藩士長井雅樂「航海遠略策」を藩主に建言。5月東禅寺事件。10月和宮降嫁問題起きる。
二	一八六二	54	6月福井に向かう途中、春嶽からの要請で江戸に急行。春嶽は幕府の政治総裁に就任。7月『国是七条』12月『攘夷三策』を建白。9月破約必戦論・全国会議を主張。同月長女みや誕生。12月酒宴の最中を襲われ、逃げ去って士道忘却を問われる。同月福井に戻る。	1月坂下門外の変。2月和宮と将軍家茂の婚儀。勅使大原重徳、慶喜と春嶽登用の勅旨を幕府に伝える。8月薩摩藩士英人を切る生麦事件が起きる。

三	一八六三	55	4月『処時変議』『朋党の病』を建言。5月挙藩上洛・国際会議を計画。藩論一変し、小楠を支持した藩士は処分される。8月福井藩を辞して熊本に帰る。12月士道忘却事件で知行召し上げ・士席剥奪の処分が下る。	1月慶喜、3月将軍家茂入洛。幕府、攘夷期限を5月10日と定める。7月薩英戦争。の政変で、公武合体派が三条実美らを京都から追放（七卿落ち）
元治 元	一八六四	56	坂本龍馬、2月と4月に小楠を訪問。『海軍問答書』を勝海舟に献策。秋、井上毅が訪問、『沼山対話』を記す。	6月池田屋事件。7月蛤御門の変。8月英・米。仏・蘭の四か国連合艦隊、下関を砲撃。
慶応 元	一八六五	57	5月坂本龍馬、再び小楠を訪問。晩秋に元田永孚が小楠を訪問し『沼山閑話』を記す。	
二	一八六六	58	4月甥左平太・大平長崎から米国留学に出発。	1月坂本龍馬、薩長同盟を斡旋。7月将将軍家茂死去。12月慶喜将軍に就任。同月孝明天皇崩御。
三	一八六七	59	1月福井藩に『国是十二条』を贈る。11月新政に付いて春嶽に建言。12月朝廷より召命。熊本藩、小楠の召命を断る。	1月明治天皇践祚。6月坂本龍馬「船中八策」を記す。10月土佐藩主、大政奉還を建言。11・15坂本龍馬、暗殺される。12・9王政復古の大号令。
明治 元	一八六八	60	3月熊本藩、朝廷の小楠召命を許諾。士席復活し、小楠に入洛を命じる。4月入洛し制度局判事となる。	3月西郷・勝の会談で江戸城の無血開城 4月政体書を制定。

			後に上局参与となり従四位下に叙せられる。7月頃、病状悪化し「遺表」を口述筆記させる。9月中旬、森有礼・鮫島尚信の訪問を受ける。この年に朝廷に『中興の立志七条』などの建白を提出。	奥羽越列藩同盟成立。9月明治と改元、一世一元の制を定める。
二	一八六九	61	1・5御所からの帰途、刺客に襲われ絶命。1・7京都南禅寺天授庵に埋葬。	

人名索引

や　行

ら・わ　行

事項索引

た　行

な　行

は　行

ま・や・ら　行

《著者紹介》

沖田行司（おきた・ゆくじ）

1948年　京都府生まれ。
1979年　同志社大学大学院文学研究科文化史学専攻博士課程満期退学。
1996年　博士（文化史学）。
現　在　びわこ学院大学学長，同志社大学名誉教授。
主　著　『新訂版　日本近代教育の思想史研究』（単著，学術出版会，2007）。
『藩校・私塾の思想と教育』（単著，日本武道館，2011）。
『日本国民をつくった教育』（単著，ミネルヴァ書房，2017）。
『人物で見る日本の教育　第２版』（編著，ミネルヴァ書房，2012）など。

ミネルヴァ日本評伝選

横《よこ》井《い》小《しょう》楠《なん》

――道は用に就くも是ならず――

2021年３月10日　初版第１刷発行　〈検印省略〉

定価はカバーに
表示しています

著　者　沖　田　行　司
発行者　杉　田　啓　三
印刷者　江　戸　孝　典

発行所　株式会社　ミネルヴァ書房

607-8494　京都市山科区日ノ岡堤谷町１
電話代表（075）581-5191
振替口座　01020-0-8076

共同印刷工業・新生製本

ISBN978-4-623-09131-7

Printed in Japan

刊行のことば

歴史を動かすものは人間であり、興趣に富んだ人間の動きを通じて、世の移り変わりを考えるのは、歴史に接する醍醐味である。

しかし過去の歴史学を顧みるとき、人間不在という批判さえ見られたように、歴史における人間のすがたが、必ずしも十分に描かれてきたとはいえない。二十一世紀を迎えた今、歴史の中の人物像を蘇生させようとの要請はいよいよ強く、またそのための条件もしだいに熟してきている。

この「ミネルヴァ日本評伝選」は、正確な史実に基づいて書かれるのはいうまでもないが、単に経歴の羅列にとどまらず、歴史を動かしてきたすぐれた個性をいきいきとよみがえらせたいと考える。そのためには、対象とした人物とじっくりと対話し、ときにはきびしく対決していくことも必要になるだろう。

今日の歴史学が直面している困難の一つに、研究の過度の細分化、瑣末化が挙げられる。それは緻密さを求めるが故に陥った弊害といえるが、その結果として、歴史の大きな見通しが失われ、歴史学を通しての社会への働きかけの途が閉ざされ、人々の歴史への関心を弱める危険性がある。今こそ歴史が何のためにあるのかという、基本的な課題に応える必要があろう。評伝という興味ある方法を通じて、解決の手がかりを見出せないだろうかというのも、この企画の一つのねらいである。

狭義の歴史学の研究者だけでなく、多くの分野ですぐれた業績をあげている著者たちを迎えて、従来見られなかった規模の大きな人物史の叢書として、「ミネルヴァ日本評伝選」の刊行を開始したい。

平成十五年（二〇〇三）九月

ミネルヴァ書房

ミネルヴァ日本評伝選

上代

*俾弥呼　古田武彦
日本武尊　西宮秀紀
*仁徳天皇　若井敏明
雄略天皇　吉村武彦
継体天皇　若井敏明
*蘇我氏四代　遠山美都男
*推古天皇　義江明子
聖徳太子　仁藤敦史
斉明天皇　武田佐知子
*小野妹子・毛人・毛野　大橋信弥
*額田王　梶川信行
弘文天皇　遠山美都男
天武天皇　新川登亀男
持統天皇　丸山裕美子
阿倍比羅夫　熊田亮介
*藤原四子　木本好信
役小角　脊古真哉
*柿本人麿　古橋信孝
*元明天皇・元正天皇　渡部育子
聖武天皇　本郷真紹
光明皇后　寺崎保広
*孝謙・称徳天皇　勝浦令子
藤原不比等　荒木敏夫
橘諸兄・奈良麻呂　遠山美都男
吉備真備　今津勝紀
*藤原仲麻呂　木本好信
道鏡　吉川真司
*藤原種継　木本好信
*行基　吉田靖雄

平安

*桓武天皇　井上満郎
嵯峨天皇　西別府元日
宇多天皇　古藤真平
醍醐天皇　石上英一
村上天皇　京樂真帆子
花山天皇　上島　享
*三条天皇　倉本一宏
藤原薬子　中野渡俊治
*藤原良房・基経　瀧浪貞子
*紀貫之　神田龍身
源高明　所　功
*安倍晴明　斎藤英喜
*藤原道長　朧谷　寿
*藤原伊周・隆家　倉本一宏
藤原定子　山本淳子
*藤原彰子　朧谷　寿
清少納言　三田村雅子
和泉式部　ツベタナ・クリステワ
大江匡房　小峯和明
*阿弖流為　樋口知志
坂上田村麻呂　熊谷公男
*源満仲・頼光　元木泰雄
平将門　西山良平
藤原純友　寺内　浩
源義家　大津雄一
最澄　吉田一彦
円珍　岡野浩二
*空也　石井義長
奝然　上川通夫
*源信　小原　仁
慶滋保胤　吉原浩人
*後白河天皇　美川　圭
*式子内親王　奥野陽子
建礼門院　生形貴重
藤原頼長・師長　樋口健太郎
*藤原秀衡　入間田宣夫
平時子・時忠　元木泰雄
平維盛　根井　浄
木曾義仲　樋口州男
守覚法親王　阿部泰郎
藤原隆信・信実　山本陽子

鎌倉

源頼朝　川合　康
*源義経　近藤好和
源実朝　神田龍身
*九条兼実　加納重文
九条道家　上横手雅敬
北条時政　野口　実
熊谷直実　佐伯真一
*北条政子　関　幸彦
*北条義時　岡田清一
曾我十郎・五郎　杉橋隆夫
後鳥羽天皇　兵藤裕己
北条時頼　山本隆志
北条時宗　近藤成一

平頼綱　細川重男
竹崎季長　堀本一繁
西行　光田和伸
鴨長明　浅見和彦
藤原定家　赤瀬信吾
*京極為兼　今谷　明
*兼好　島内裕子
重源　横内裕人
*運慶　根立研介
快慶　井上一稔
法然　今堀太逸
*栄西　中尾良信
明恵　西山　厚
*親鸞　末木文美士
恵信尼・覚信尼　西口順子
覚如　今井雅晴
*道元　船岡　誠
叡尊　細川涼一
*忍性　松尾剛次
*日蓮　佐藤弘夫
一遍　蒲池勢至
夢窓疎石　原田正俊
*宗峰妙超　竹貫元勝

南北朝・室町

後醍醐天皇　上横手雅敬
*護良親王　新井孝重
*懐良親王　森 茂暁
*赤松氏五代　渡邊大門
*北畠親房　岡野友彦
楠正成　兵藤裕己
楠木正行・正儀　生駒孝臣
*新田義貞　山本隆志
*光厳天皇　深津睦夫
足利尊氏　市沢 哲
*足利直義　亀田俊和
佐々木道誉　下坂 守
細川頼之　亀田俊和
円観・文観　田中貴子
足利義詮　早島大祐
足利義満　川嶋將生
*足利義持　吉田賢司
足利持氏　植田真平
足利義政　木下昌規
日野富子　田端泰子
*大内義弘　平瀬直樹
伏見宮貞成親王　松薗 斉
*山名宗全　山本隆志
細川勝元・政元　古野 貢
畠山義就　呉座勇一
足利成氏　阿部能久
世阿弥　西野春雄
雪舟等楊　河合正朝
宗祇　鶴崎裕雄
*満済　森 茂暁
一休宗純　原田正俊
蓮如　岡村喜史

戦国・織豊

北条早雲　家永遵嗣
*北条氏綱　黒田基樹
*北条氏政　黒田基樹
*大内義隆　藤井 崇
*斎藤氏四代　木下 聡
*毛利元就　岸田裕之
*毛利輝元　光成準治
*小早川隆景・秀秋　光成準治
*六角定頼　村井祐樹
*今川義元　小和田哲男
*武田信玄　笹本正治
*武田勝頼　笹本正治
*真田氏三代　笹本正治
*三好長慶　天野忠幸
松永久秀　天野忠幸
*宇喜多直家・秀家　渡邊大門
*上杉謙信　矢田俊文
*大友義鎮　鹿毛敏夫
島津義久・義弘　福島金治
細川幽斎　鈴木 元
*長宗我部元親・盛親　平井上総
最上氏三代　松尾剛次
浅井長政　長谷川裕子
蠣崎・松前氏五代　新藤 透
吉田兼倶　西山 克
山科言継　松薗 斉
*雪村周継　赤澤英二
正親町天皇・後陽成天皇　神田裕理
*足利義輝・義昭　山田康弘
織田信長　三鬼清一郎
織田長益　八尾嘉男
*明智光秀・秀満　小和田哲男
豊臣秀吉　藤井讓治
豊臣秀次　矢部健太郎
*北政所おね　田端泰子
*淀殿　福田千鶴
蜂須賀正勝・家政　三宅正浩
前田利家　東四柳史明
山内一豊・忠義　長屋隆幸
*黒田如水　小和田哲男
*蒲生氏郷　藤田達生
石田三成　堀越祐一
*細川ガラシャ　田端泰子
*支倉常長　田中英道
千利休　熊倉功夫
*長谷川等伯　宮島新一
*顕如　神田千里
教如　安藤 弥

江戸

*徳川家康　笠谷和比古
板倉勝重　谷 徹也
本多忠勝　柴 裕之
本多正純　小川 雄
柳生宗矩　福田千鶴
*徳川家光　野村 玄
徳川吉宗　横田冬彦
*後水尾天皇　久保貴子
後桜町天皇　所 京子
*光格天皇　藤田 覚
*春日局　福田千鶴
宮本武蔵　渡邊大門
*池田光政　倉地克直
保科正之　八木清治
シャクシャイン　岩崎奈緒子
*田沼意次　藤田 覚
細川重賢　安高啓明
松平治郷　小林准士
*二宮尊徳　小林惟司
*末次平蔵　岡 美穂子
*高田屋嘉兵衛　生田美智子
沢庵宗彭　芳澤 元
*林羅山　鈴木健一
吉野太夫　渡辺憲司
熊沢蕃山　川口 浩
*山崎闇斎　澤井啓一
山鹿素行　前田 勉
*北村季吟　島内景二
伊藤仁斎　澤井啓一
貝原益軒　辻本雅史
*ケンペル　B・M・ボダルト＝ベイリー
新井白石　大川 真
荻生徂徠　柴田 純
*雨森芳洲　上田正昭
石田梅岩　高野秀晴
白隠慧鶴　芳澤勝弘
前野良沢　松田 清
平賀源内　石上 敏
本居宣長　田尻祐一郎
杉田玄白　吉田 忠
木村蒹葭堂　有坂道子
*大田南畝　沓掛良彦
菅江真澄　赤坂憲雄
*鶴屋南北　諏訪春雄
良寛　阿部龍一
*山東京伝　佐藤至子
*滝沢馬琴　高田 衛
平田篤胤　山下久夫
国友一貫斎　太田浩司
シーボルト　宮坂正英
本阿弥光悦　岡 佳子
小堀遠州　中村利則
狩野探幽・山雪　山下善也
尾形光琳・乾山　河野元昭
*二代目市川團十郎　田口章子
伊藤若冲　狩野博幸
*浦上玉堂　高橋博巳
*佐竹曙山　成瀬不二雄
葛飾北斎　岸 文和
酒井抱一　玉蟲敏子

孝明天皇　青山忠正
＊和宮　辻ミチ子
徳川慶喜　大庭邦彦
島津斉彬　原口泉
＊横井小楠　沖田行司
＊古賀謹一郎　小野寺龍太
＊永井尚志　高村直助
＊岩瀬忠震　小野寺龍太
＊栗本鋤雲　小野寺龍太
大村益次郎　竹本知行
岩倉具視　斎藤紅葉
河井継之助　小川和也
松平春嶽　大石学
＊西郷隆盛　家近良樹
＊由利公正　角鹿尚計
橋本左内・橘曙覧　角鹿尚計
＊塚本明毅　塚本学
松平容保　白石烈
山岡鉄舟・高橋泥舟　岩下哲典
三条実美　奈良勝司
＊月性　海原徹
＊吉田松陰　海原徹
＊高杉晋作　海原徹
＊久坂玄瑞　一坂太郎
ペリー　遠藤泰生
ハリス　福岡万里子
オールコック　佐野真由子
アーネスト・サトウ　奈良岡聰智

近代

＊明治天皇　伊藤之雄
＊大正天皇　F・R・ディキンソン
＊昭憲皇太后・貞明皇后　小田部雄次
大久保利通　三谷太一郎
山県有朋　鳥海靖
木戸孝允　落合弘樹
井上馨　伊藤之雄
＊松方正義　室山義正
榎本武揚　醍醐龍馬
北垣国道　小林丈広
板垣退助　小川原正道
長与専斎　笠原英彦
大隈重信　五百旗頭薫
伊藤博文　坂本一登
井上毅　大石眞
＊井上勝　老川慶喜
＊桂太郎　小林道彦
＊渡邉洪基　瀧井一博
＊乃木希典　佐々木英昭
星亨　小林道彦
林董　奈良岡聰智
＊児玉源太郎　小林道彦
＊高宗・閔妃　木村幹
山本権兵衛　室山義正
＊金子堅太郎　松村正義
高橋是清　鈴木俊夫
小村寿太郎　簑原俊洋
＊犬養毅　小林惟司
原敬　季武嘉也

＊加藤高明　櫻井良樹
牧野伸顕　小宮一夫
田中義一　黒沢文貴
内田康哉　高橋勝浩
平沼騏一郎　堀田慎一郎
＊鈴木貫太郎　小堀桂一郎
宇垣一成　北岡伸一
＊宮崎滔天　榎本泰子
＊浜口雄幸　川田稔
幣原喜重郎　西田敏宏
関一　玉井金五
水野広徳　片山慶隆
広田弘毅　井上寿一
安重根　上垣外憲一
＊グルー　廣部泉
＊永田鉄山　森靖夫
東條英機　牛村圭
今村均　前田雅之
蔣介石　劉岸偉
近衛文麿　庄司潤一郎
＊岩崎弥太郎　武田晴人
伊藤忠兵衛　末永國紀
＊五代友厚　田付茉莉子
大倉喜八郎　村上勝彦
＊安田善次郎　由井常彦
渋沢栄一　武田晴人
中野武営　佐賀香織
益田孝　鈴木邦夫
山辺丈夫　宮本又郎
武藤山治　阿部武司・桑原哲也
池田成彬　松浦正孝

西原亀三　森川正則
小林一三　橋爪紳也
大倉恒吉　石川健次郎
大原孫三郎　猪木武徳
＊河竹黙阿弥　今尾哲也
イザベラ・バード　加納孝代
小泉八雲　斎藤英喜
＊林忠正　木々康子
＊森鷗外　小堀桂一郎
＊二葉亭四迷　ヨコタ村上孝之
＊正岡子規　井上泰至
＊夏目漱石　佐々木英昭
徳冨蘆花　半藤英明
巌谷小波　千葉信胤
樋口一葉　佐伯順子
＊島崎藤村　十川信介
泉鏡花　東郷克美
上田敏　小林茂
＊有島武郎　亀井俊介
志賀直哉　小林幸夫
北原白秋　平石典子
菊池寛　山本芳明
芥川龍之介　高橋龍夫
＊宮沢賢治　千葉一幹
高浜虚子　坪内稔典
与謝野晶子　佐伯順子
＊種田山頭火　村上護
＊斎藤茂吉　品田悦一
＊高村光太郎　湯原かの子
石川啄木　先崎彰容

萩原朔太郎　エリス俊子・栗原飛宇馬
＊原阿佐緒　秋山佐和子
＊狩野芳崖・高橋由一　古田亮
川村清雄　落合則子
＊小堀鞆音　小堀桂一郎
竹内栖鳳　北澤憲昭
黒田清輝　高階秀爾
中村不折　石川九楊
横山大観　高階秀爾
＊橋本関雪　西原大輔
土田麦僊　天野一夫
岸田劉生　北澤憲昭
濱田庄司　濱田琢司
＊山田耕筰　後藤暢子
松旭斎天勝　川添裕
中山みき　鎌田東二
佐田介石　谷川穣
＊ニコライ　中村健之介
＊出口なお・王仁三郎　川村邦光
＊新島襄　太田雄三
新島八重　佐伯順子
木下広次　冨岡勝
山川健次郎　小宮京・中澤俊輔
海老名弾正　西田毅
嘉納治五郎　クリストファー・スピルマン
柏木義円　片野真佐子
津田梅子　田中智子
＊澤柳政太郎　新田義之
＊河口慧海　高山龍三

＊山室軍平　室田保夫
大谷光瑞　白須淨眞
＊久米邦武　高田誠二
フェノロサ　伊藤　豊
井上哲次郎　井ノ口哲也
三宅雪嶺　長妻三佐雄
＊岡倉天心　木下長宏
志賀重昂　中野目徹
徳富蘇峰　杉原志啓
＊竹越与三郎　西田　毅
内藤湖南・桑原隲蔵　礪波　護
＊廣池千九郎　橋本富太郎
岩村　透　今橋映子
＊西田幾多郎　大橋良介
＊金沢庄三郎　石川遼子
＊柳田国男　鶴見太郎
厨川白村　張　競
＊村岡典嗣　水野雄司
大川周明　山内昌之
西田直二郎　林　淳
＊折口信夫　斎藤英喜
九鬼周造　古川雄嗣
三木　清　杉山直樹
シュタイン　瀧井一博
＊西　周　清水多吉
＊福澤諭吉　平山　洋
成島柳北　山田俊治
＊福地桜痴　山田俊治
＊村山龍平　早房長治
島田三郎　武藤秀太郎
田口卯吉　鈴木栄樹

＊陸　羯南　松田宏一郎
有賀長雄　森田吉彦
＊黒岩涙香　奥　武則
幸徳秋水　馬渕浩二
長谷川如是閑　織田健志
上杉慎吉　今野　元
＊吉野作造　田澤晴子
＊山川　均　米原　謙
＊岩波茂雄　十重田裕一
＊北　一輝　岡本幸治
＊穂積重遠　大村敦志
中野正剛　吉田則昭
荒畑寒村　川村邦光
＊満川亀太郎　福家崇洋
＊エドモンド・モレル　林田治男
＊北里柴三郎　福田眞人
高峰譲吉　木村昌人
田辺朔郎　秋元せき
＊南方熊楠　飯倉照平
石原　純　金子　務
＊辰野金吾　河上眞理・清水重敦
＊七代目小川治兵衛　尼崎博正
本多静六　岡本貴久子
ブルーノ・タウト　北村昌史
ヴォーリズ　山形政昭・吉田与志也

現代

昭和天皇　御厨　貴
高松宮宣仁親王　後藤致人
＊李　方子　小田部雄次
吉田　茂　中西　寛
マッカーサー　柴山　太
鳩山一郎　楠　綾子
＊石橋湛山　増田　弘
重光　葵　武田知己
＊市川房枝　村井良太
＊池田勇人　藤井信幸
高野　実　篠田　徹
和田博雄　庄司俊作
ライシャワー　廣部　泉
朴　正熙　木村　幹
＊田中角栄　新川敏光
宮沢喜一　村上友章
竹下　登　真渕　勝
＊松永安左エ門　橘川武郎
鮎川義介　井口治夫
＊出光佐三　橘川武郎
＊松下幸之助　米倉誠一郎
渋沢敬三　井上　潤
＊本田宗一郎　伊丹敬之
＊井深　大　武田　徹
＊佐治敬三　小玉　武
幸田家の人々　金井景子
＊正宗白鳥　大嶋　仁
＊大佛次郎　福島行一
井伏鱒二　滝口明祥

＊川端康成　大久保喬樹
＊薩摩治郎八　小林　茂
坂口安吾　千葉一幹
太宰　治　安藤　宏
松本清張　杉原志啓
安部公房　鳥羽耕史
＊三島由紀夫　島内景二
井上ひさし　成田龍一
R・H・ブライス　菅原克也
柳　宗悦　熊倉功夫
バーナード・リーチ　鈴木禎宏
＊熊谷守一　古川秀昭
川端龍子　岡部昌幸
藤田嗣治　林　洋子
＊井上有一　海上雅臣
＊手塚治虫　竹内オサム
古賀政男　藍川由美
＊吉田　正　金子　勇
武満　徹　船山　隆
＊八代目坂東三津五郎　田口章子
＊力道山　岡村正史
＊西田天香　宮田昌明
安倍能成　中根隆行
サンソム夫妻　平川祐弘・牧野陽子
＊天野貞祐　貝塚茂樹
和辻哲郎　小坂国継
矢代幸雄　稲賀繁美
石田幹之助　岡本さえ
＊平泉　澄　若井敏明
＊早川孝太郎　須藤　功

安岡正篤　片山杜秀
＊青山二郎　田野　勲
島田謹二　小林信行
田中美知太郎　川久保剛
前嶋信次　杉田英明
＊唐木順三　澤村修治
亀井勝一郎　山本直人
宮本常一　須藤　功
知里真志保　モコットゥナシ
竹内　好　田澤晴子
＊保田與重郎　谷崎昭男
石母田正　磯前順一
＊福田恆存　川久保剛
井筒俊彦　安藤礼二
吉田　満　貝塚茂樹
佐々木惣一　伊藤孝夫
高田保馬　金子　勇
小泉信三　都倉武之
＊瀧川幸辰　伊藤孝夫
式場隆三郎　服部　正
大宅壮一　有馬　学
＊清水幾太郎　庄司武史
＊フランク・ロイド・ライト　大久保美春
＊中谷宇吉郎　杉山滋郎
今西錦司　山極寿一

＊は既刊
二〇二一年三月現在